初中数学思维能力培养的实践探析

佟红江◎著

线装书局

图书在版编目（CIP）数据

初中数学思维能力培养的实践探析/佟红江著.--
北京：线装书局，2024.3
　　ISBN 978-7-5120-6011-1

　　Ⅰ.①初… Ⅱ.①佟… Ⅲ.①中学数学课—教学研究
—初中 Ⅳ.①G633.602

　　中国国家版本馆 CIP 数据核字(2024)第 058022 号

初中数学思维能力培养的实践探析
CHUZHONG SHUXUE SIWEI NENGLI PEIYANG DE SHIJIAN TANXI

作　　者：	佟红江
责任编辑：	林　菲
出版发行：	线装書局
	地　址：北京市丰台区方庄日月天地大厦 B 座 17 层（100078）
	电　话：010-58077126（发行部）010-58076938（总编室）
	网　址：www.zgxzsj.com
经　　销：	新华书店
印　　制：	北京四海锦诚印刷技术有限公司
开　　本：	787mm×1092mm　　1/16
印　　张：	11.25
字　　数：	215千字
版　　次：	2024年3月第1版第1次印刷
定　　价：	68.00 元

线装书局官方微信

前　言

数学是一种工具，推动着人类文明的发展；数学是一门基础学科，是除语言学外学好其他学科的基础；数学又是一种思想方法，训练人们的思维能力。可见，数学的学习对促进社会和个人的发展都有着积极的作用。

世界正进入新的技术革命时期，人们已认识到国家的现代化，科技是关键，教育是基础。世界各国激烈的竞争，归根结底是人才的竞争。新技术革命的挑战，给教育提出新的课题，传统的注重传授知识的教育模式已不相适应，需要强调发展人的智慧，培养开拓型、创造型人才。教师从创造性思维、逻辑思维和批判思维三个方面教学生思维技巧，并且把思维技巧的讲授融于数学教学中。人们常说，数学是逻辑思维的体现，这主要指通过数学知识学习，由知识的逻辑性，培养和发展学生的逻辑思维，数学学习则主要是训练学生的创造性思维、批判思维、科学研究的各种具体思维方法以及发展非智力因素等。由于数学思想的发掘、运用需要创造性思维，以及运用的结果会给人以创新的激励和启迪，因此当我们向学生示范发掘、运用数学思想和学生自己通过作业、试题、实践等，从所学过的数学知识中发掘、运用数学思想，这些都将使学生的创造性思维得到培养和发展，其中会有效地培养学生的想象、直觉、灵感、联想、启发、借鉴、比较、移植、综合等基本创造性思维和方法。

本书是对初中数学思维能力培养方面的著作，内容涵盖了初中阶段数学思维能力培养的方法以及实践应用方面的内容，首先从数学思维教育的基础理论入手，论述了数学思维教育的重要性，其次重点就初中数学的解题思维、空间想象能力、逻辑思维能力、创新思维和创造思维等方面进行了具体论述，以领悟数学思想，培养思维意识。最后对数学思维能力的应用策略和实践分析做了介绍，本书突出对关键能力的培养，体现基础性、综合性、应用性和创新性的要求和育人导向。本书可为初中数学教学研究的相关人员提供参考。

在写作过程中，为提升的学术性与严谨性，作者参阅了大量的文献资料，引用了一些同仁前辈的研究成果，因篇幅有限，不能一一列举，在此并表示最诚挚的感谢。由于作者水平有限，书中难免会出现不足之处，希望各位读者和专家能够提出宝贵意见，以待进一步修改，使之更加完善。

目 录

第一章　数学思维教育

第一节　思维及数学思维

一、面向 21 世纪的数学思维教育

（一）数学教育的核心

随着 21 世纪的到来，人类正在实现从工业社会到信息社会的转变，当代数学教育的根本出发点，正是适应信息社会的需求，在信息社会中，大多数人将从事信息的管理和生产工作；工业生产将逐步从大批量、少品种的刚性系统过渡到中小批量、多品种的柔性系统；由于知识的不断更新，技术的不断进步，产品的日益复杂精巧，而其市场则日益短暂。旧的产品尚未销售完，新的产品便已设计出来并投入生产，相应地，人们的职业寿命变得短暂，工作和学习将会交替地进行。21 世纪的世界，将是用体力较少而用脑力较多、用机械较少而用电子较多、静态较少而变化较多的社会。要求工作人员在智力上能适应工作，随时准备吸收新思想，感知事物的来龙去脉，适应变革，解决非传统式的问题，正是这种要求使数学成为很多行业必备的知识。

经济发达国家的数学教育改革的方向是：学校数学的焦点从双重任务——对大多数人教最少的数学，而把高等数学教给少数人——过渡到单一中心，把数学的最重要的公共核心教给所有的学生。

数学教学从基于传递知识的权威性的模式过渡到以启发学习为特征的、以学生为中心的实践活动。

数学教学从强调为后续内容做准备过渡到着重强调学生当前及未来所需要的东西。

数学教学从原来强调一张纸、一支笔式的计算到全面使用计算器和计算机。

分析经济发达国家遇到的数学教育改革的要求，可以清楚地看到 21 世纪的趋向。事实上，所谓要给学生公共的材料，要使学生能适应职业周期缩短、节奏加快、竞争激烈的

现代社会，使数学成为整个人生发展的有用工具，这意味着数学教育需要培养人的更内在的、更深刻的东西，这就是数学素质，社会的发展并没有否定原来已经意识到的数学教学的改革方向，而是更加肯定：数学教学不仅仅是为了教学所需的知识，更是为了未来的发展，数学中蕴藏着促进人未来发展的因素，这就是人的数学素质，其核心是人的思维品质。就社会发展而言，教育在社会发展的平缓时期，重在传授知识；而在社会的突变时期，则需要培养创造性。

这里，所谓素质是指人改造主观世界和客观世界的基本品质，一般来说，素质是对于人的后继活动来说的，在其他各种各样的品格中，它是原本的、基本的、内在的品格，而不是派生的、后发的、外部的品格。素质在人的后继活动中呈现的功能是整体的、广泛的、长期的，而不是仅仅服务于局部的、单一的、短期的。数学课培养的人的素质，也有着上述特点，借助于这些特点，不难把素质和人的一般的品格区分开来。

（二）数学思维教育的意义

数学思维教育的意义，不仅仅是为了培养数学家，而是为所有人的未来发展打下基础。在于培养人的数感、数学观念和数学思想，概括地说，数学教育是为了扩展人们头脑中的数学空间，每个人都有隶属于自己的数学空间和一般生活空间，数学空间是对人生活空间的数学方面的抽象，是指反映人生活、思考着的特定客观世界的数学概念、运算规律和数学知识结构。数学空间是因人而异的、特定的。把一个人已经具有的数学空间，称为他的数学现实空间，而把他所能具有的数学空间，称为他的数学的可能性空间。不难理解，对于普通教育来说，学生所学的数学，应是与大多数人有关的数学现实材料，也就是在实际中能够应用的数学。然而，人们往往把数学空间看得太小了。事实上，可能的数学空间比人想象的要大得多，问题是有没有使学生对所学的数学知识有所领悟。例如，如果领悟到矩阵原来是一张表，矩阵的运算不过是对表的运算的一种规定，学生就有可能创造他所需要的运算。所以，这里的领悟就成为扩展数学空间的手段，一堂课能使学生有所领悟，就意味着有可能发展其的数学空间，衡量数学教学好坏的标准之一，就是看教学能否有效地扩大人的现实数学空间。数学空间不仅仅依靠一些既得的知识而构成，更重要的是借助于所学知识的生长点和开放面，以及数学思维过程，获得一种与数学相关的能力，从而使数学空间具有某种开放性，其中包括：数学化——人们用数学方法观察现实世界，分析研究各种数学现象，并对现实世界加以整理组织的过程。人学习数学，最重要的是学习数学化，同样地，人学习公理的知识，还不如说是学习"公理化"；与其说是学习形式体系，还不如说是学习"形式化"。每个学生都可能在一定的指导下，通过自己的实践来获得这些知识。

数学思维教育的意义，还在于培养人本质地看问题的意识。抽象几乎是数学的同义语，抽象是从一定的角度把事物的相关的质提取出来，通过数学学习可以有效地培养人的抽象意识。学生走上社会后，经常要碰到生活和生产中许多复杂的问题，其必须能够透过现象看本质，不为表面现象所迷惑，这就需要抽象意识。例如，一个人不仅在科学研究或抽象思维中需要抽象，而且在形象思维和艺术创作中也需要抽象。一个善于作画的人，他的画不是照搬生活中的景象，而是对之进行抽象，从"最能打动自己和观众"的角度，把对象的某种美抽象出来。例如，画高山注意雄伟之美；画花鸟，注意秀丽之美，这样，就以这一抽象物为尺子，更深刻地认识自然，刻画自然，决定取舍和详略，去掉芜杂的东西，强调本质的东西（当然，并非像数学上的要或不要的二值逻辑，而是有多变化、多层次的中间状态的适度抽象），从而达到寓神于形、形神兼备，同观众观赏该事物时的抽象发生共鸣，赢得读者会心的赞美。

数学思维教育的意义，更在于培养人的良好的思维习惯，形成良好的思维策略，增强人的反应能力。每一道数学题都为学生提供一个思维项目，学生千百次地受到训练，就会形成好的思维习惯。心理学家曾经观察过许多通过大量思维训练而获得所谓简缩思维的例子。简缩思维者对外来刺激有一种特别敏捷的反应，对有些事物不用思考，就能提出解决问题的办法。尤其是，数学的论证特征使人凡事都要问一个"为什么"，要通过更为确定的基础知识来认识新的还有某些未知因素的事物，而这正是一个人的科学思维的入门的特征。

二、思维

（一）思维的界定

思维最初是人脑借助于语言对客观事物的概括和间接的反应过程。思维以感知为基础又超越感知的界限。它探索与发现事物的内部本质联系和规律性，是认识过程的高级阶段。

思维对事物的间接反映，是指它通过其他媒介作用认识客观事物，及借助于已有的知识和经验、已知的条件推测未知的事物。思维的概括性表现在它对一类事物非本质属性的摒弃和对其共同本质特征的反映。随着研究的深入，人们发现，除了逻辑思维之外，还有形象思维、直觉思维、顿悟等思维形式的存在。

（二）思维的特征

1. 思维的概括性

思维的概括性是指在大量感性材料的基础上，把一类事物共同的特征和规律抽取出加以概括。概括水平在一定程度上表现了思维的水平。另外，概括是人们形成概念的前提，也是思维活动能迅速进行迁移的基础。概括是随人们认识水平的深入而不断发展的。人们的认识水平越高，对事物的概括水平也就越高。

2. 思维的间接性

思维的间接性是指人们借助于一定的媒介和知识经验对客观事物进行间接的认识。由于思维的间接性，人们才可能超越感知觉提供的信息，认识没有直接作用于人的感官的事物和属性，从而揭示事物的本质和规律。从这个意义上讲，思维认识的领域要比感知觉认识的领域更广阔、更深刻。

3. 思维是对经验的改组

思维是一种探索和发现新事物的心理过程。它常常指向事物的新特征和新关系，这就需要人们对头脑中已有的知识经验不断进行更新和改组。思维活动常常是由一定的问题情景引起的，并试图解决这些问题。所以思维不是简单地再现经验，而是对已有的知识经验进行改组、建构的过程。

（三）思维的分类

1. 根据思维的凭借物和解决问题的方式，可以把思维分为直观动作思维、具体形象思维和抽象逻辑思维

（1）直观动作思维

直观动作思维又称实践思维，是凭借直接感知，伴随实际动作进行的思维活动。

实际动作便是这种思维的支柱。幼儿的思维活动往往是在实际操作中，借助触摸、摆弄物体而产生和进行的。例如，幼儿在学习简单计数和加减法时，常常借助数手指，实际活动一停止，思维便立即停下来。成人也有动作思维，如技术工人在对一台机器进行维修时，一边检查一边思考故障的原因，直至发现问题排除故障为止，在这一过程中动作思维占据主要地位。不过，成人的动作思维是在经验的基础上，在第二信号系统的调节下实现的，这与尚未完全掌握语言的儿童的动作思维相比有着本质的区别。

（2）具体形象思维

具体形象思维是运用已有表象进行的思维活动。

表象便是这类思维的支柱。表象是当事物不在眼前时，在个体头脑中出现的关于该事物的形象。人们可以运用头脑中的这种形象来进行思维活动。在幼儿期和小学低年级儿童身上表现得非常突出。如儿童计算 3+4=7，不是对抽象数字的分析、综合，而是在头脑中用三个手指加上四个手指，或三个苹果加上四个苹果等实物表象相加而计算出来的。形象思维在青少年和成人中，仍是一种主要的思维类型。例如，要考虑走哪条路能更快到达目的地，便需在头脑中出现若干条通往目的地的路的具体形象，并运用这些形象进行分析、比较来做出选择。在解决复杂问题时，鲜明生动的形象有助于思维的顺利进行。艺术家、作家、导演、工程师、设计师等都离不开高水平的形象思维。学生更需要形象思维来理解知识，并成为发展抽象思维的基础。

形象思维具有三种水平：第一种水平的形象思维是幼儿的思维，只能反映同类事物中的一些直观的、非本质的特征；第二种水平的形象思维是成人对表象进行加工的思维；第三种水平的形象思维是艺术思维，这是一种高级的、复杂的思维形式。通常所说的形象思维是指第一种水平。

（3）抽象逻辑思维

抽象逻辑思维是以概念、判断、推理的形式达到对事物的本质特性和内在联系认识的思维。

概念是这类思维的支柱。概念是人反映事物本质属性的一种思维形式，因而抽象逻辑思维是人类思维的核心形态。科学家研究、探索和发现客观规律，学生理解、论证科学的概念和原理，以及日常生活中人们分析问题、解决问题等，都离不开抽象逻辑思维。小学高年级学生的抽象逻辑思维得到迅速发展，初中生这种思维已开始占主导地位。初中一些学科中的公式、定理、法则的推导、证明与判断等，都需要抽象逻辑思维。

2. 根据思维过程中是以日常经验还是以理论为指导来划分，可以把思维分为经验思维和理论思维

（1）经验思维

经验思维是以日常生活经验为依据，判断生产、生活中的问题的思维。例如，学生凭自己的经验认为"鸟是会飞的动物"；人们通常认为"太阳从东边升起，往西边落下"等都属于经验思维。

（2）理论思维

理论思维是以科学的原理、定理、定律等理论为依据，对问题进行分析、判断的思维。例如，根据"凡绿色植物都是可以进行光合作用的"一般原理，来判断某一种绿色植物的光合作用。科学家、理论家运用理论思维发现事物的客观规律。教师利用理论思维传授科学理论，学生运用理论思维学习理性知识。

3. 根据解决问题时的思维方向，可以把思维分为聚合思维和发散思维

（1）聚合思维

聚合思维又称求同思维、集中思维，是把问题所提供的各种信息集中起来得出一个正确的或最好的答案的思维。例如，学生从各种解题方法中筛选出一种最佳解法；工程建设中把多种实施方案经过筛选和比较找出最佳的方案等的思维。

（2）发散思维

发散思维又称求异思维、辐射思维，是从一个目标出发，沿着各种不同途径寻求各种答案的思维。例如，数学中的"一题多解"；科学研究中对某一问题的解决提出多种设想；教育改革的多种方案的提出等的思维。

聚合思维与发散思维都是智力活动不可缺少的思维，都带有创造的成分，而发散思维最能代表创造性的特征。

4. 根据思维的创新成分的多少，可以把思维分为常规思维和创造性思维

（1）常规思维

常规思维是指人们运用已获得的知识经验，按惯常的方式解决问题的思维。例如，学生按例题的思路去解决练习题和作业题。

（2）创造性思维

创造性思维是指以新异、独创的方式解决问题的思维。例如，技术革新、科学的发明创造、教学改革等所用到的思维都是创造性思维等。

三、数学思维

数学思维也就是人们通常所指的数学思维能力，即能够用数学的观点思考问题和解决问题的能力。比如转化与划归，从一般到特殊、特殊到一般，函数/映射的思想，等等。一般来说，数学能力强的人，基本体现在两种能力上：一是联想力；二是数字敏感度。

（一）数学思维的界定

数学思维是指人的大脑对数学对象理性的认识过程，是指大脑对数学对象间关系与数

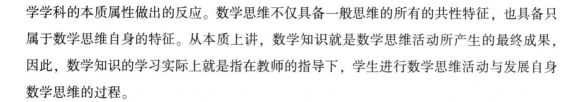

学学科的本质属性做出的反应。数学思维不仅具备一般思维的所有的共性特征，也具备只属于数学思维自身的特征。从本质上讲，数学知识就是数学思维活动所产生的最终成果，因此，数学知识的学习实际上就是指在教师的指导下，学生进行数学思维活动与发展自身数学思维的过程。

（二）数学思维的内容

数学思维的内容主要包括数学思维的一般方法、数学思维的品质和数学创新思维 3 个方面。

（三）数学思维的特征

数学思维不仅具备一般思维的所有的共性特征，也具备概括性、整体性、相似性、问题性与复合性等只属于数学思维自身的特征。

（四）数学思维的理论依据

数学就是一种对模式的研究，或者一种模式化（抽象化）的过程。数学将具体的问题普遍化、抽象化为一个纯粹的数学问题，而对这个抽象的问题的解决又具有实际的意义，有助于解决实际的问题。因此，数学具有两重属性，即抽象性和现实性（或应用性）。学生学习数学，须从其生活中熟悉的具体事物入手，逐步开始数学的抽象过程。仅仅停留于具体问题的解决不能称为数学，而不从具体的事物出发或者脱离具体实践来教授抽象的数学运算，更是违背数学的本质属性。学生处在逻辑思维萌发及初步发展的时期，也是数学概念初步形成的时期。数学知识具有高度的逻辑性和抽象性，学习数学可以锻炼学生思维的逻辑性和抽象性。

（五）数学思维的重要性

当今日新月异的信息社会，时代的竞争是科技与人力资源的竞争，必须把学生思维能力的培养作为教育的第一要务，使能学会思维，自己发现并解决问题，从而做出正确决策，其意义是重大而深远的。一方面，培养与时俱进的创造性思维人才，将理性的思维方式应用到各个领域，才能使民族站在科学的高峰；另一方面，提高自身的思维能力水平，无论今后从事什么工作，这些理性思维都能随时随地发挥作用，在学习、工作中不断创新，实现自身存在的价值。数学作为人类最重要的智力成就，基础教育中最重要的学科，它的体系包括知识、方法与思想，相比于数学知识，思想方法是数学的精髓所在，是创造知识与方法的源泉，而数学思想方法的本质与核心是数学思维能力，数学思维能力是对人有重要影响的基本能力与素质，也是科学素质中最重要的因素。

在数学教育中培养数学思维能力，是素质教育的体现。教育的核心是培养思维的正确性，学习数学可以掌握基础知识和技能，给予学生理性的思维方式，理性的数学思维不仅能通过数据的变化对事物的发展趋势进行预测、对事物发展的结果进行判断，而且在许多情况下能够通过对某些因素的调节，改良事物的发展趋势，让他们终身受益。因此，在数学教学中，必须要将其与自然社会紧密联系起来，在感受重要价值的过程中增进对数学理解与应用的信心，以理性的思维方式观察、分析生活，处理日常问题，这也是人们解决实际问题的关键。

四、数学思维生产

简单地说，"数学思维生产"是指在数学思维活动中产生有用想法的过程。就个体思维而言，是指头脑中出现新的、需要的想法——感觉、意向以及具体的认知、观点、思想等的过程；就群体思维而言，特别如在数学思维史研究中，是指产生重要的数学成果的思维过程。换言之，一个是指比较具体的、细微的、形态各异的思维产品，一个是指最终的、认可度高的思维产品。

（一）思维生产过程

可以从许多角度来描述这个话题。例如，模式之一是：初期意向—过渡方案—最后结果。又如，中国几百年来的数学停滞状态，相当于生产中的"歇业"状态。数学思维生产也有中断的情形，有爆发的情形，有长时间"动静不大"的情形。

（二）思维资源

具有模仿、套用、启示价值的一切思维材料，都被看作是思维资源。数学史、数学家的思维资源，是丰富的，有的是稀缺的，可能是几千年只有一个、只有一次的，无论是他所提的问题或是他的思维方法，他所特有的数学感觉（通常与他的天才和独一无二的特殊经验有关），都是独一无二的，再就是数学科学、数学教育中的思维资源。数学史是数学思维生产的一类重要资源。还有社会的需要、人们的各种兴趣与需要（学生、老师、各行各业的实践者和研究者、一般的社会公众等）等，都是一种思维资源。

（三）思维生产浪费

历史上的和现今数学教育中的思维浪费，都值得研究。如，对初中某些过难的，似乎没有更大、更独特价值的知识学习和技能练习，不好说某种训练一点儿用都没有，但应该分清价值之大小，不然，"有用的数学"之类的说法就无从谈起。过多的作业考试，会因挤占学生思维生产的时间和精力，从而造成学生数学思维生产的浪费。数学思维产生机制，不论某个观点本身如何（例如，人们会对某种观点评头品足，在不同的历史阶段也会有极不相同的看法），但其可能作为机制而产生一定的思想这一作用，则是不可轻易否定的。这一点，在数学史、数学思维史等研究中，应有一个基本的估计和把握。

五、初中数学中主要的创造性数学思维

（一）归纳思维

归纳思维是根据一类事物的部分对象具有某一属性，猜测该类事物具有这一属性的思维方式，这是一类从特殊到一般、由个性来认识共性的思维方式，也就是指从具体的例子中找出本质的东西，概括出普遍性或一般性的结论，是一种创造性思维。归纳是发现真理的主要工具之一，而数学中许多定义、公理都是通过归纳得出的，一些定理、公式、法则的引入也往往是由某些具体的例子开始，对内容进行归纳，之后再进行证明，这不仅可以体会知识形成的过程，而且也更符合学生的认知规律。

（二）类比思维

类比思维是根据两个对象或两类事物的部分属性相同或相似，猜测另一些属性也可能相同或相似的思维方式，这是由特殊到特殊的思维方式，它凭借事物间的相似性，通过比较将熟悉对象的某一属性迁移到新对象上去。

（三）逆向思维

逆向思维是指与常规思维方向相反的一种思维形式，即通常所说的"倒着想"或"反过来想一想"，这是一种创造性的思维方式，在应用中往往能够突破常规的束缚，产生出奇制胜的效果。解题的成功靠正确的思路选择，从最接近的方向去攻击。当人们正面解题遇到困难时，就会考虑从相反的方向、思路来思考问题，可能会产生新思路、新方法，也就是所谓的"正难则反"，从而拓宽思路，将知识灵活运用。

（四）求异思维

求异思维也叫辐射思维，指在解决问题的思考中，不局限于已知线索或现存的方式、

方法，而是从已有条件出发，多角度、多层次、多方向的考虑问题，得出多种不同的解决方法，探索多种不同的结果，体现思维的广阔性和灵活性。数学中的新思想、新概念和新方法往往来源于求异思维。可见求异思维在数学创造中的重要性，因此，教学中要适时引导学生进行全面性分析，拓展思路，发展创造性思维。

六、数学思维的培养

（一）如何培养学生的数学思维

1. 重视数学思维发展的阶段性和连续性

现代发展心理学家认为：就思维的起源来说，不管是种系发展还是个体发展，思维的发生和发展都是经历直观行动思维—具体形象思维—抽象逻辑思维这样三个阶段，并在儿童青少年的发展中，表现出一定的年龄特征。为此，可以把学生初步数学思维分为低、中、高三个相互连续而又可区分的阶段进行培养。历来教材中出现的重要概念和规律都按螺旋上升逐步发展的原则编排，正是符合学生这一年龄特点。教学中既不能"操之过急"，又不能"止步不前"。当然，思维发展的阶段不是绝对的，个别差异也较明显，但是总的发展顺序和进展是稳定的。只要处理好阶段性和连续性、个别和一般的关系，学生初步的数学思维就能得到正常而又持续的发展。

2. 把培养学生数学思维贯穿于教学过程始终

数学知识的掌握和数学思维的发展是两个不同但又密切联系的系列，并在学生数学学习的过程中统一起来。但是，如果认为既然数学思维是以数学知识作为载体，那么学生的初步数学思维能力便可在学习过程中自然地形成，那就错了。每一个有素养的数学教师都要深入把握教材中的智力因素，有目的地、潜移默化地把培养学生数学思维贯穿于教学过程始终。数学思维寓于"数与代数""空间与图形""统计与概率""实践与综合应用"四大内容之中。但是，能力不是靠传授来形成的，而是在数学活动中，靠学生自己去"悟"、去"做"、去"经历"、去"体验"的。

3. 为学生提供足够的思维材料和思维空间

培养学生数学思维应为学生提供足够的思维材料（感性和理性的）。提供的感性材料要充分并由学生来选择，能引发多种感官的共同活动，以实现头脑中的思维活动。提供的理性材料要有挑战性、有思维的阶梯性，能不断地激起学生的认知冲突。同时，提供的材料还要尽可能地联系学生实际，对学生有吸引力。所有这些，就是要改善学生的学习方

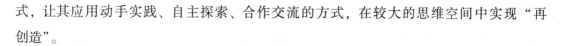

式，让其应用动手实践、自主探索、合作交流的方式，在较大的思维空间中实现"再创造"。

4. 教学中要落实、渗透好几种主要的数学思想

（1）符号思想

数学的世界是一个符号化的世界，数学符号在很大程度上决定了数学发展的进程。符号化思想方法也是数学中最基本、最原始、最重要和最根本的思想方法之一。符号思想的核心就是用"某事物代表某事物"。正是因为符号的运用，才使"代数"能够逐渐成为一门正式的学科而独立出来。

（2）数形结合思想

所谓数形结合是指通过实现数量关系与图形性质的相互转化，使抽象思维和形象思维相互作用，将抽象的数量关系和直观的图形结合起来研究数学问题。将一个代数问题用图形来表示，或把一个几何问题记为代数的形式，通过数与形的结合，可使问题转化为易于解决的情形。

（3）方程、函数思想

所谓方程的思想，就是把数量关系、图形性质转化为方程来研究的数学思想。这是数学大厦的基石，是沟通已知和未知的桥梁。一些有关线段的长度、角的度数的几何计算等，都可以让人们体会到它的妙处。通过方程思想的教学，学生用代数方法解决问题和建立数学模型的能力得到了培养。而函数的基本思想是变量与变量之间的对应，掌握函数思想就可以对数学的很多内容有更深刻的理解。

5. 注重直觉思维的开发培养

直觉思维是指思维对感性经验和已知知识进行思考时，不受某种逻辑规则约束而直接领悟事物的一种思维方式。也就是说，直觉思维是对事物的直观感受，或是对事物的本质和规律的直接判断。直觉思维的要素是想象，它是一种非严格逻辑思维，依靠想象、猜测、洞察力来把握对象，在探索性的归纳、类比和直觉思维中，直觉思维是最少逻辑因素、最多想象因素的一种，因而有着最广大的创造空间。直觉思维中的直觉可分为理性直觉和神秘直觉。由于神秘直觉的机制尚不清楚，所以，这里提到的直觉，是指前者。在数学教学中，要注重直觉思维的开发，它是创新思维的导火线。

（二）培养数学思维的注意事项

1. 要善于调动学生内在的思维能力培养兴趣，促进思维

兴趣是最好的老师，也是每个学生自觉求知的内动力。教师要精心设计每节课，使每

节课形象、生动，有意创造动人的情景，设置诱人的悬念，激发学生思维的火花和求知的欲望，并使同学们认识到数学在社会中的重要地位和作用。经常指导学生运用自己的数学知识和方法解释自己所熟悉的实际问题。

(1) 创设问题情景引入思维境界

在教学过程中，如果只为讲而讲，学生容易乏味，激不起兴趣，在此情景下进行教学收不到好的效果，如果先给学生创设一问题情景，引导学生进入情景之中，赋予生命力，使学生在情景激发的兴奋点上，寻求思路，大胆创新。创设问题情景就其内容形式来说，有故事法、生活事例法、实验操作法、联系旧知法、伴随解决实际问题法等；就其意图来说，有调动学习积极性引起兴趣的趣味性问题，有以回顾所学知识强化练习的类比性问题，有与实际相结合的应用性问题等。

(2) 巧妙的使用数学道具

在初中数学教学中，注意挖掘和运用数形结合进行教育教学活动，就能很好地训练学生的形象思维，取得较好的教学效果。例如，通过动态的数形转换演示，帮助学生提高表象的能力。使用模型等教具和使用 CAI 软件演示数形转换的过程，以帮助学生在头脑中建立数和形的表象。通过学习动态的数形转换演示，帮助学生提高联想的能力。在分析不同空间形式和数量之间的相似性当中，帮助学生在这些不同的空间形式和数量之间建立某种认知联系，有助于培养学生的联想能力。通过动态的数形转换演示，帮助学生提高想象的能力。想象是形象思维中较高的一种形式，是在表象的基础上，对原有的表象加以改造而形成新的形象，或者根据语言、文字的描述而形成相应事物的形象的认知活动。从本质上看，想象是表象的运动和发展。教师在数学教学中巧妙运用直观诱导，可以帮助学生进行表象的糅合与变换，以便感性思维更好的构建和逻辑思维的展开。

2. **再现创新过程**

培育创新思维的数学课堂教学，不仅要重视结论的证明和应用，更要重视探索发现的过程，要让学生沿着教师精心设计的一条"再发现"的道路探索和发现事物变化的起因和内在联系，用归纳类比推理方法，从中找出规律，抽象形成概念，然后再设法论证或解题。要让学生经历数学知识的形成与应用过程，使学生有机会通过自己的概括活动和思维的能动性探究和发现数学的规律。在知识探求的过程中，不断引导学生用数学的逻辑思维概括现实世界中的数形关系，借助抽象的算术符号演绎大千世界中的种种逻辑关系。在求索的过程中完成知识的升级与认识能力的提高，实现思维逻辑的活性运动，更能让学生在经历一场思维的大讨论的过程中实现自己思维上的超脱与精神上的升华。在教学过程中还应加强分析、综合、类比等方法的训练，提高学生的逻辑思维能力；加强逆向应用公式和逆向思考的训练，提高逆向思维能力；通过解题错、漏的剖析，提高辨识思维能力；通过一题多解（证）的训练，提高发散思维能力等。

3. 教育教学过程中要注重数学思维品质的培养

有效的课堂教学活动沉淀下来的是一种思维方式和思维品质。思维品质主要包括思维的灵敏性、独创性、广阔性和批判性等几个方面。

1. 数学思维的灵敏性

主要反映了正确前提下的速度问题。因为掌握的知识越本质、抽象程度越高，其适应的范围就越广泛，检索的速度也就越快。为了培养学生的思维灵活性，应当增强数学教学的变化性，为学生提供思维的广泛联想空间，使学生在面临问题时能够从多种角度进行考虑，并迅速地建立起自己的思路，真正做到举一反三。变式教学对于培养学生思维的灵活性有很大作用。如在概念教学中，使学生用等值语言叙述概念；数学公式中，要求学生掌握公式的各种变形等，都有利于培养思维的灵活性。

2. 思维的创造性培养

首先应当使学生融会贯通地学习知识，在解题中则应当要求学生独立起步，养成独立思考的习惯。在独立思考的基础上，还要启发学生积极思考，使学生多思善问，能够提出高质量的问题是创新的开始。数学教学中应当鼓励学生提出不同看法，并引导学生积极思考和自我鉴别。

3. 思维的广阔性是发散思维的又一特征

思维的狭窄性表现在只知其一，不知其二，稍有变化，就不知所云。反复进行一题多解、一题多变的训练，是帮助学生克服思维狭窄性的有效办法。可通过讨论，启迪学生的思维，开拓解题思路，在此基础上让学生通过多次训练，既增长知识，又培养思维能力。教师在教学过程中，不能只重视计算结果，要针对教学的重难点，精心设计有层次、有坡度、要求明确、题型多变的练习题。要让学生通过训练不断探索解题的捷径，使思维的广阔性得到不断发展。要通过多次的渐进式的拓展训练，使学生进入广阔思维的佳境。

4. 批判性思维品质的培养

可以把重点放在引导学生检查和调节自己的思维活动过程上。要引导学生剖析自己发现和解决问题的过程；学习中运用哪些基本的思考方法、技能和技巧，它们的合理性如何，效果如何，有没有更好的方法；学习中走过哪些弯路，犯过哪些错误，原因何在。批判性思维的培养，有赖于教师根据学生的具体情况，有针对性地设计反思问题，以引起学生的进一步思考。

第二节　数学思维教育对提高人素质的意义

一、数学思维教育可以促使人的先天素质得到发展

数学思维教育可以促使人的先天素质得到发展，使人的生理、心理素质得以显化出来，即使人的固有的内在本性外化出来。人的遗传虽然有差别，但它并不是人发展中决定的因素。在不同环境特别是教育的影响下，人的遗传可以向肯定的方向或否定的方向发展。而数学思维教育则在人的先天素质的外化和发展的过程中起着独特的作用。

（一）从数学学习的特点来看

数学是思维的科学，学生学习数学知识基本上是在演绎体系下展开的，数学学习中的"再创造"比其他学科要求更高，需要较强的逻辑推理能力，同时，数学是高度抽象概括的理论，比其他学科更抽象、更概括。其概括程度之高，使数学脱离具体实物，仅考虑形式的数量关系和空间关系。有人把数学誉为"思维的体操""用符号表示的哲学"。数学的这些不同于其他学科的特点，使数学思维教育在外化和发展人的先天素质的过程中起着其他学科、其他形式的教育所不能替代的作用。

（二）从数学思维教育的特点来看

探索是数学思维教育的生命线。数学必须注意揭示知识的发现过程，揭示知识从已知到未知的激烈而曲折的矛盾运动，注意点拨和引导学生的思维，真正把数学作为思维科学来教学，把数学知识作为磨炼学生智力的磨刀石，其必将对外化和发挥学生的先天素质起着难以估量的作用。

（三）从人的思维发展的特点来看

学生从出生到成人，身心发展是一个由低级到高级、由量变到质变的连续不断的发展过程。童年期的学生的思维特点具有较大的具体性和形象性，少年期的抽象思维已有很大的发展，青年期抽象思维则已居于主导地位。数学以其抽象性和逻辑性的特点，顺应人的思维发展规律并为这种发展提供最理想的强有力的工具，决定了它在促进人的思维素质发展过程中的独特作用。

二、数学思维教育可以把固有本质转移于新生的个体中

（一）从数学思维是一种人类文化现象来看

数学是人类最高超的智力成就，也是人类心灵最独特的创作。音乐能激发或抚慰情怀，绘画使人赏心悦目，诗歌能动人心弦，哲学使人获得智慧，科技可改善物质生活，但数学却能提供以上的一切。数学是一个巨大思想的历史，包括数学知识的演变，创造这些知识的人，产生这些人和这些知识的客观条件，还有这些知识的社会作用，与人类其他文化领域的相互影响，可见数学是一种历史的、社会的、文化的现象。要使学生认识到这一点并非易事，只有进行数学思维教育，在日常教学中渗透这种文化观点和历史观点，不是把数学当作纯粹技巧的堆砌而是当作思维科学，不是把数学仅仅当作一种数学现象而是当作一种文化现象，才能培养出不但有才和学，而且有德和识的人才。这种教学的必然结果，是使历史长河中形成的人类的本质内化到个体上来。

（二）从民族的素质来看

民族素质不仅取决于每个国民的素质，还包括一个国家、一个民族在长期的历史进程中形成的民族特性。这些素质作为民族意识通过民族文化世代传递下来，形成自己的特色。整个民族的素质既依赖于个人的素质，而又构成个人素质发展的条件。数学思维教育需要的非智力品质，如兴趣、情感、意志等，则恰恰是我们民族素质的重要组成部分。数学思维教育为这些素质内化到个体提供了肥沃的土壤。

三、造就合格的社会成员

（一）从数学思维教育在德育中的作用来看

数学思维的逻辑性与组织性是数学对于一般文化修养所提供的不可缺少的素养，能潜移默化地培养青年人树立一系列具有道德色彩的特性。这些特性中包括正直、诚实、遵纪守法的习惯，尊重真理的习惯和严肃认真的工作态度。数学思维的深刻性、批判性、创造性则能培养人坚韧不拔的意志，敢于打破陈规陋习和勇于开拓的创造精神。数学思维中审美能力的培养，则能培养人们有正确的审美观点、高尚的情操、文明的行为习惯以及朝气

蓬勃的精神面貌。在数学教学中通过思维教育来进行德育教育，尽管是摆在人们面前的一个有待开拓的新课题，但它的前景是非常广阔的。

（二）从数学思维影响人的思维方式来看

数学中的抽象思维，要求人们从本质上看问题，对于复杂的事物现象，能有意识地区分主要因素与次要因素、本质与表面现象，从而抓住本质解决问题。数学思维中的整体意识，影响着人们由着重对事物单方面的研究，转向着重对事物多方面的整体研究，由着重对事物实体的研究，转向着重对事物的各种类型的联系和结构的研究。数学思维中的化归思想，意味着用联系、发展的运动变化观点观察问题、认识问题，要求人们有意识地对问题进行转化，变为已经解决和易于解决的问题。数学思维能力的意义已经超越数学的范围本身，影响人们运用科学的思维方式考虑问题、处理问题。一个具备数学思维能力的人，看问题时一定会从全局上把握，并注意整个问题的各个细节及它们之间的联系，善于抓住问题的实质，把不容易解决的问题分解、转化为易解决的问题，这正是现代社会公民应具备的思维素质。它对于在改革开放中，破除陈腐的传统观念和落后的思维方式，形成适合新形势的新观念及思维方式具有深刻的意义。

（三）从数学具有方法论的意义来看

按照马克思的看法，一种科学只有成功地运用数学时，才算真正达到完善的地步。在当前科学日益数学化的时代，数学已经成为一种应用十分广泛的、横向联系的公共研究方法。数学在自然科学中的作用，自不待言。历史学引进数学方法，产生了计量史学；语言学引进数学方法，产生了数理语言学、计算语言学；在文学领域里，可用数学方法对艺术作品做结构分析等。另外，在哲学、法学、社会学、心理学、教育学、经济学、科学学、考古学、人类学等领域都可以找到数学的足迹。可见，数学方法及其思维对提高各类专业人才的素质的作用是无法估量的。

四、数学思维对素质的影响

（一）严谨

数学使人严谨，但数学并不使人呆板。一方面，严谨的证明训练人的思维，使人能明察秋毫，细心周密，而这些思维又指导人们思考生活、工作中的问题，使人养成周密稳重的习惯，提高人的素质和生活质量。另一方面，严谨并不意味着不苟言笑，经常性的思考能促进大脑神经的发育，使人更加聪慧，更具灵性，对社会问题的洞察力更强。严谨的思维习惯对于科学研究和高级人才是非常重要的，否则就会犯"差之毫厘，谬以千里"的错误。

（二）求实

在数学家眼里，经验是不可靠的，只有演绎推理才能保证数学知识的最高度的明晰性和确定性。因而需扎扎实实地系统学习，而这就培养了人们有条理但不按部就班的灵活处事的思维习惯。这种思维促使人们求真务实，不吹毛求疵，不骄傲炫耀，在工作中脚踏实地，不浮不躁。这也是培养良好性格的一条途径。

（三）韧性

学习和研究数学是一个艰难的探索性的前进过程，倘若没有坚强的意志，没有坚定的信念，没有对数学的热爱与追求，是很难将数学学习进行到底的。所以越是高层次的数学人才，韧性这一特点在其身上就越明显。这一思维训练的结果将使人勇于面对挫折，敢于挑战困难，并坚定不移地追求真理。

（四）想象、灵感与创造

要学好数学，还需要有想象力。想象力能引领人们突破现状，开创新的学习、研究局面。在苦思冥想中，思维进行到一定程度会出现进度缓慢，甚至停滞的现象，而正是在这样的基础上，灵感来了，与人不期而遇，由此引发新的创造、发现。这样的思维对于开拓一个人的思维，提高创新能力能起到很好的促进作用，使人逐步具备善于思考和想象、敢于创新的优秀品质。

（五）数学美

数学主张精确、简洁，用数学符号表示的公式、概念无不体现出这点。还有随处可见的对称美，如实数与虚数，有理数与无理数，有限与无限，正数与负数等，不胜枚举。当然这不是数学美的全部，比如还有破损的美，如三值逻辑。简洁、对称与统一构成数学美的主要部分，因而影响着人们的生活审美观念：简约、和谐。

第三节　培养初中数学思维的基础理论

一、培养学生数学思维的对策

（一）培养学生数学思维的灵活性

在思维和解题中有"法"可循，有"路"可行，但有时受到某些方法的局限，形成一定的思维定式，影响思维的灵活性。因此，在教学活动中应设法突破某些思维定势，注重多角度思维，培养学生思维的灵活性和全面性。

（二）培养学生提出问题和解决问题的能力

数学教学不仅教给学生数学知识，而且要教给学生获得知识的方法和过程，即不仅要"教知识"，而且要"教思考""教猜想"。只有把"教思考""教猜想"贯通于"教知识"的过程之中，才能逐步形成用数学知识分析和解决实际问题的能力，达到培养学生分析问题和解决问题的综合能力，发展学生数学思维的更高层次。

1. 在概念教学中发展学生数学思维

数学概念是整个数学知识结构的基础，概念教学是数学教学的根本。如果在概念教学中引导学生寻找和思考概念形成的过程，不仅有利于概念的理解，更有利于学生思维的形成和发展。概念形成过程包括引入概念的重要性，对一些感性材料的认识、分析、抽象和概括。注重概念形成过程，符合学生的认知规律。如果在教学中忽视概念的形成过程，把形成概念的生动过程变为简单的"条文加例题"，对概念理解是极为不利的。注重概念的形成过程可以完整的、本质的、内在地揭示概念的本质属性，使学生对理解概念具有思路基础，同时也能培养学生从具体到抽象的思维方法。例如同位角、内错角、同旁内角概念。先让学生复习两条直线相交所成的角的内容。自然引入两条直线被第三条直线截成的八个角，指出专门研究三对具有特殊位置关系的角，由此引出课题。然后，让学生根据图形结合同位角文字含义——位置相同的两个角，猜想图中哪两个是一对同位角。再启发学生把直观得到的同位角关键特征进行综合分析，用概括的语言描述出来，即在两直线的同侧，第三条直线的同旁的两个角，使学生的认识从感性阶段上升到理性阶段。

2. 在定理教学中发展学生数学思维

有效的数学定理教学，有助于学生牢固掌握数学知识的结构，有助于学生发现问题、解决问题能力的提高。因此，运用探索发现引导学生把定理、公式、法则再"发现"一次，必定能引起学生兴趣，从而促进创造思维的萌芽与发展。例如在证明等腰梯形性质定理时，先提出两个问题。第一个问题：直角梯形、等腰梯形和一般梯形哪个更美？这一问题主要是引起学生的注意，对学生进行数学美的教育。第二个问题：等腰梯形具有怎样的性质呢？能与等腰三角形类比吗？先让学生猜想，然后引导学生探索答案：要证明两个角相等，就要构造等腰三角形或证三角形全等，由此引出辅助线的做法。让学生自主发现、归纳等腰梯形的性质定理。又如在讲解全等三角形判定定理时，可引导学生思考以下问题：工人师傅不小心把一块三角形玻璃打碎，要重新复制一块一模一样的玻璃，应选哪一部分，并说明其的根据。

3. 教会学生判断自己的思维，发展自己的思维

在进行思维活动时，如果让学生能够对自己的思维活动加以判断和发展，那么教学就成功了一大半。要做到这一点，除要学生对概念和基本定理有正确的理解和掌握外，还应教会学生在自己的思维活动中多问几个"为什么"，特别是经常问自己：题目还有没有别的解法，题目能不能变化、引申？即进行"一题多解""一题多变"等的思考，以培养学生"举一反三""触类旁通"的能力。任何学习都离不开思维，数学学习更是这样，反过来，通过思维，又促进数学的学习。教学中教师要着力研究数学思维的教育问题，培养和发展学生的数学思维，如果能通过各种形式和办法启发学生去观察、去思考、去猜想、去发现、去分析、去解决问题，必然会激励学生学习数学的热情，提高学生学习数学的主动性和积极性，数学教学质量也就会有所提高。

（三）转变教学观念，重视思维能力训练

初中数学教学一定要转变教学观念，不断更新教学思想，重视创新教学理念，重视学生的创新能力培养，提升学生的思维品质，让学生在学习中得到更好的锻炼。传统的教学思想都是要求学生掌握更多的知识，重在知识的传承和积累，对学生进行灌输式教学，以此让学生学到更多的知识。这样的教学能够为学生奠定一定的基础，但是很难培养学生的创新能力，而且存在诸多弊端。首先，在教学观念和目标上更加重视学生的考试成绩，强调升学率，训练学生的考试能力，课程成了灌输知识的阵地，教学的主要任务就是训练学生的考试能力。其次，过于重视学生对知识的记忆，学生只能死记硬背，记住了大量的无

法消化的知识。课堂教学和能力训练更多的是题海战术，让学生大量地做题，以此来提高学生的应试技能。最后，教育的重心是传授更多的知识，强调传播知识的数量，最终都是以学生的考试成绩作为唯一判断标准。这种教育思想和模式束缚了学生思维能力，消磨了学生的个性和睿智，无法培养学生的创新能力。为此，教师必须转变教学思想，树立创新教育理念，强化学生的思维能力训练，让学生能够有思路，会思考，懂方法，会创新，不断强化学生的创新意识，培养他们的求异思维，让学生能够灵活运用知识解决各种新问题，以此培养他们的创新型思维，提高学生的综合素质。

二、思维教学的原则

数学思维教学的原则是根据一定的教育目的和对数学思维的规律性认识而制定的。思维教学至少应考虑学生和知识两个方面，从学生角度讲，首先学生是探索与思维的主体，只有在积极主动的思维过程中，才能发展其的思维能力；其次要遵循学生的认知规律，了解学生的实际情况，逐步地启发、诱导而不是代替学生思维。从知识层面说，既要关注数学知识的不同属性特征，还要注重知识形成、发现的过程，在探索发现并证明的过程中，展现思维的活力。

（一）主体性原则

主体性原则，是指以尊重学生主体地位为前提，通过不同方式调动学生的积极性，达到学生主体作用的目的，即在教学设计时，关注学生的知识能力和心理基础，调动其积极性，使其主动参与课堂的思考和练习。随着教育改革的不断深化，学生在教学活动中的主体性地位越来越明显，在思维教学的课堂中，学生是思维的主体，只有在积极主动的思维中，才能发展其思维能力。

例如：在学习 30°，45°，60°角的三角函数值时，为体现学生的主体性，可以设计以下教学片断：同学们分别画出含有 30°和 45°角的两个直角三角形（动手画图），在每个三角形中，它们各边比的关系如何？（思考、回答）由上节学过的三角函数的定义，尝试求 30°角的正弦、余弦、正切值（讨论、推理）；同理，类比推出 45°角和 60°角的三角函数值（动手、推导）。由此学生在教师的指导下，在理解的基础上自主解决、学习新知识，动手推导，完全不需要死记硬背三角函数值，就会很自然的熟记于心。在得到结论的同时，还可以体会类比的妙处，思维得到进一步的升华。总之，不管是在知识的学习中，还是在问题的解决中，只有学生自己积极主动地思考，才能学会更好的思维。

（二）启发性原则

启发性原则指教师不直接将现成的结果告诉学生，而是通过创设情景启发、诱导，使其在积极主动的探索中提高分析、解决问题的能力。在思维教学中，教师往往通过课堂提问和启发来驱动学生的思维活动。教师要根据学生的反应，及时给予适当的启发或帮助，经过师生共同的努力，得到问题的答案，但要注意引导的阶梯不能太大，直到学生确实没有进展时，才适当的"点拨"一下，这才是教学的艺术。教师必须遵循学生的认知规律，了解其真实的情况，从实际出发，懂得学生正在进行的思考过程，逐步地进行有目标的提问来诱导而不是代替其思维，给学生启发性的帮助，在教学中遵循启发性原则，能够有效地点燃其质疑问题的激情，养成积极思维、主动探索的精神。

（三）过程性原则

过程性原则，是指教学必须以知识的发展和认知形成的内在联系为线索，充分展现和经历其中的思维活动，使学生真正参与到发现的过程中来。

数学知识的建构过程主要包括对象的形成过程和问题的解决过程，所以在教学中，不只是要学生熟悉掌握"思维活动的结果"，还要使学生理解明白"思维过程"，让学生参与知识的发展形成过程，自己去探索并证明其结果。数学教材上的定义、定理、公理、法则等，都是数学家们智慧的结晶，呈现出来的都是已证明过的结论性东西，看不到发现、探索的过程。用内心的创造与体验的方法来学习，才能真正地掌握数学。比如概念的形成过程；公式、法则等的推导证明过程；解题方法的思考分析过程；知识的总结归纳过程等，数学思维总是在这些过程中展现它的活力，若无视或压缩这些思维过程，就不那么明智了。

第二章　　初中数学解题思维的培养

第一节　数学解题策略的原则

一、数学解题策略应遵循的原则

数学解题是一种高级心理活动的思维过程。系统科学理论中的三条基本原理联系着思维科学监控结构的三个主要构件。在解题思维过程中人们思维活动中的监控结构，它的要素主要表现为三个：定向、控制和调节。定向，是确定思维的意向，即确定思考过程的方向；控制，是控制思维活动内外的信息量，排除思维课题外的干扰和暗示，删除思维过程中多余和错误的因素；调节，是及时调节思维活动的进程，修改行动的方针、方式和方法，提高思维活动的效率和速度。人们在解题思维决策过程中，是以数学解题策略应遵循的原则为依据进行数学解题策略的定向、控制和调节的。

数学解题策略是人们为实现数学解题目标而确定的举措即方针，指导思想和原则，是更重要更高级的思维能力。和其它事物一样，数学解题策略在其似乎神秘莫测的外表下，也有内在的规律性。数学解题策略应遵循的原则主要有：明确的目的性原则、熟悉化原则（定向）、简单化原则、具体化原则（控制）、和谐化原则、审查分析问题的全面性原则。

（一）明确的目的性原则

没有明确的目的或无目标地去寻求方法，必然是徒劳无益的，解题必须有明确的目的，解题的目的不明，就无法确定解题策略。如何实现题目的要求是解题策略思想的核心，有此核心就能有的放矢地在定向分析中探索和研究处理问题的策略。离此核心解题只能漫无目的地瞎碰乱撞，其策略必然错误，其结果必然失败。明确的目的性原则是解题策略应遵循的首要原则。

（二）熟悉化原则

熟悉化原则要求解题策略应有利于把陌生的问题定向转化为与之有关的熟悉的问题，

便于利用人们所熟悉的知识与方法来解决问题。

（三）简单化原则

简单化原则是指解题策略应有利于把较复杂的问题转化为较简单的问题，把较复杂的形式转化为较简单的形式，控制策略的选择，使问题易于解决。

（四）具体化原则

具体化原则要求解题策略能使问题中的各种概念以及概念之间的相互关系具体明确，有利于把一般原则、一般规律应用到问题中去，尽可能对于抽象的式用具体的形，或对抽象的形用具体的式表示，以用于揭示问题的本质来控制策略的选择。

（五）和谐化原则

和谐化原则强调策略利用数学问题的特有性质，如正与反、内与外、分与合等和谐统一的特点，进行恰当地调节，建立必要的联系，以利于问题的转化和解决。

（六）分析问题的全面性原则

分析问题的全面性原则是指制定解题策略时要针对复杂多变的数学题从多侧面、多角度地分析、思考（包括逆向思维），运用多方面的知识，由此从得出的各种方案中调节、选取最佳策略。

数学题的构造变化复杂多端，特别是某些综合题，涉及的知识常常改变了原来的面貌，解决问题的思路主线不易抓住，就需要解题者对扑朔迷离的表象进行由表及里、去伪存真地全面审查分析，加工改造，从不同的方向探索，才会顺利地解决。

在广阔范围内考虑问题，了解事物的特点和联系，是分析问题的全面性原则的核心思想。解题能力不强的人，主要原因是思路狭窄，若能开阔思路，考虑到更多的知识和方法，定会有柳暗花明之感。

数学解题策略应遵循的这些原则是由数学解题的一般规律和特点所确定的，它们从不同侧面反映了原则对策略的指导作用。策略原则对于制定解题策略具有十分重要的意义。掌握好这些基本原则，不仅有利于数学解题策略的制定，更重要的是在这些基本原则指导下所制定的教学解题策略必将具有在解题中的决胜功力。

综上所述，明确的目的性原则、熟悉化原则、简单化原则、具体化原则、和谐化原则、分析问题的全面性原则都是制定解题策略应遵循的基本原则。它们之间既有区别，又有联系，是相辅相成的。对一道数学题，特别是较复杂的数学题，学生应该有目的地、全面地按熟悉、具体、和谐、简单的原则选择较佳的解题策略，从而实现解题的目的。

二、制定数学解题策略的依据

决定数学解题策略制定的因素是多方面的，也都很重要。在这些因素中，能称之为制定数学解题策略的依据的，当属观察，逻辑、知识、经验这四个方面。

（一）观察是制定数学解题策略的重要手段

观察，作为科学研究中常用的一种手段，历来受到人们的高度重视。数学解题虽然不一定能通过观察捕捉到惊人现象的出现，但是数学解题也经历着从现象到本质的认识过程。因此，通过对数、式、形的观察去透过现象寻找各种特征、联系和规律，从而制定出相应的解题策略，这对数学解题来说，是十分重要的。

要通过观察寻找出各种特征、各种联系和规律，那么这种观察就不应该是消极的，被动的，而应该是积极的，有意识的。特别是寻求所给问题与已有知识之间，任何具有启发性的联系的观察，就更是制定解题策略的不可缺少的依托。

不仅在解题开始时要注意观察，在解题过程中也要不断地敏锐观察，以便根据解题过程的变化，制定相应的解题策略。总之，观察是为了发现和理解，而发现和理解则是为了解题行动。

（二）逻辑是制定数学解题策略的有力工具

当人们面临着某个数学问题时，一系列设问便接连而来："已知条件是什么""目标是什么""已知与目标之间有什么关系""有什么特征""该问题与哪些知识有关""应当怎样着手""应确定什么样的策略"等等。回答这些设问当然需要有关的教学知识，但首先需要的是正确的判断和推理，需要运用逻辑来进行分析和提出设想、需要运用逻辑来组织对这些设问的回答。

普通逻辑的作用是保证人们在制定解题策略时有一个正确的思维路线和思维形式。因为普通逻辑表达的是最简单、最初步但非常重要的思维规律。它虽然不一定涉及数学问题本身的深度和思维内容的真理性，但不遵循普通逻辑，将会使制定解题策略的思维通道受阻，从而大大影响数学解题策略的制定。

辩证逻辑要求人们从整体、联系、转化和矛盾发展中把握思维过程和思维对象，只有这样才谈得上使思维形式和思维内容达到一致。因为辩证逻辑所表达的是问题的深刻的、具体的、本质的内容。不遵循辩证逻辑，就不可能深刻地认识所面临的数学问题，也就无从制定出相应的正确解题策略。

此外，有些逻辑思维形式和逻辑思维方法诸如类比、归纳、综合、分析、论证等等在解题中本身就像解题策略一样发挥着作用。由此，说逻辑是制定数学解题策略的有力工具，是恰如其分的。

（三）数学知识是制定数学解题策略的主要依据

数学解题是一项运用已有的数学知识获取新知识的实践活动。不懂得问题所涉及的数学知识或者知之甚少，就谈不上解题，也就无法制定出行之有效的数学解题策略。

一个人的数学知识越丰富，他们思维中形成数学解题策略的有效成分和依据就越多，因而他也就越善于制定正确的解题策略。这是因为丰富的数学知识不仅使人思维敏捷，思维通道畅通无阻，而且容易产生联想。反之数学知识贫乏，面临数学问题就会觉得无从下手、就会出现无计可施的局面。

还应当指出，制定出的数学解题策略，不仅主要依据丰富的数学知识和数学能力，而且要随时受到相关数学知识的检验，随后才是解题效果的实际检验，因为只有符合数学知识的解题策略，才能说是科学的、行之有效的解题策略。

（四）实践经验以及其它学科的知识和能力是制定数学解题策略的丰富源泉

一个人如果有丰富的实践经验（主要是指数学解题实践经验，也包括其它方面的实践经验）和渊博的科学知识（物理的、化学的、社会学的、人文学的等等）就容易产生灵感，就会足智多谋，他的思维就可以在广阔的领域内自由驰骋，丰富的实践经验和渊博的科学知识都是制定数学解题策略取之不尽，用之不竭的丰富源泉。

数学解题策略内涵和外延极其深刻丰富，它既不同于具体的数学方法，也不同于数学解题程序，它是数学解题时采取的灵活多变的指导思想和原则，是人们在数学解题时高水准思维能力和智慧、机敏等的绌现。

第二节 数学解题策略的系统

一、模式运作的解题策略

从数学哲学的角度出发，数学属于模式的科学。模式是在学习数学期间，将储存在大脑中的各种知识经验进一步加工，从而得到具有长时间保存价值或重要的典型结构、类型。从具体需要出发选择合适的模式，对它进行简单编码，若突然产生新问题，要及时判断此问题属于哪种基本模式，并联系已解决的问题，借助旧问题的解决办法破解新问题，这就是模式运作的解题策略。

从思维的角度出发，模式运作的解题策略反映了"思维定式正迁移"所带来的好处。"遇新思陈、推陈出新"，即遇到新问题时，要反思曾经遇到过的相关事件，从旧问题中找到新问题的解决办法，对旧问题要进行批判继承，剔除其糟粕，吸取其精华，才能提高问题的解决效率。由此可见，旧问题对于新问题的解决是极其重要的，从它身上能够获取解决问题的依据和方法。

典型模式类比建筑中的"预制构件"，它是思维的重要组成部分，属于一种标准化设计。简单来说，就是一种把新鲜问题转化为标准问题，再借助标准化程序实现问题解决的一种模型。

"基本问题"的思想是模式运作解题策略的重要表现，积累基本问题是提高模式运作解题策略效率的捷径。例如，在数学的几何模块中，基本图形法常被用于解决几何问题，这种方法可以对其中的典型图形进行完全分解，当出现新图形时，再融入新图形重新组合为一个全新的基本图形，也可以把典型图形分拆成多个基本图形，再在这些图形中深入解决。

正方体是立体几何中的一个基本图形，在对正方体全面认识的基础上，当出现新问题的时候，可以灵活地把它构建成一个正方体，也可以再将它分拆为多个正方体。这种思想就属于基本图形的思想，也可以看作是模式运作的策略。

模式运作策略的子系统反映出定向的思维，它始终恪守化生为熟的"熟悉化"原则和"明确的目的性"原则。由于人们认识事物的过程通常是由浅到深的，具有相对的阶段性特征，因此数学的每一个研究对象都存在熟悉和陌生之分，也就造成了，人们在认识一个新事物或解决一个新问题过程中，通常按照对熟悉事物的理解方式去看待新事物，并尽量让新问题的解决思路遵循之前的认知结构和模式。简单来说同，就是运用"化生为熟"的思想，指导新问题发展方向，提供新问题的解决策略。综上所述，遇到新问题时，要将新问题和熟悉问题联系起来，借助熟悉问题寻求新问题的解决办法。"化生为熟"有利于实现新问题和熟悉问题的结合，起到求同存异、化难为易的作用。

（一）论题变换

每当碰到一个问题，感到提法有些生疏、概念有些模糊时，最好先用一些自己熟悉的语言，重新叙述一下，一次不好，再叙述一次，直到透彻为止。这看起来似乎只是语言上的说法不同，实质上是自身对问题认识和理解程度的深化过程。任何定理、命题，如果不能用自己的语言去描述，就不可能对它真正掌握，并灵活运用。任何问题，如果对其含义在自己的头脑中都没有清晰而准确的概念，就难以解决它。

变换说法之后，一些无从下手的问题会变得比较清楚、容易，甚至一目了然。问题清晰、准确是解题的第一步，当然也常常只是第一步。变换说法有等价变换与非等价变换之分。

1. 等价变换

如果由 A 经过逻辑推理或演算可以推出 B，反过来由 B 又可经逻辑推理或演算推出 A，则由 A 到 B（或由 B 到 A）的逻辑推理或演算就称为可逆的逻辑改变。

在保持同一个数学系统的条件下，把所讨论的数学问题中有关的命题或对象的表现形式做可逆的逻辑改变，以使所讨论的数学问题转化成熟悉的或容易处理的问题，叫作等价变换。将命题结论的形式加以适当改变，是等价变换的常用手段。

2. 非等价变换

解答数学问题，等价变换并不是永远可行的，在某些情况下，如解分式方程时进行去分母，解无理方程时进行有理化，解超越方程时进行变量替换等，都不得不施行某些非等价变换来促使问题化简求解。

所谓不等价变换主要包含两方面含义：一方面是变换到在更大范围内求解原问题；另一方面是变换到更强意义下求解原问题。在处理有关不等式问题时经常使用的"放缩"也是一种非等价变换手法。不等式与不等式相乘也是一种非等价变换手法。因而在证明有关不等式时，常需要采用这种手法。解答数学问题的非等价变换，有可能引起解答失真，这是要特别注意的。

（二）同构变换

对所讨论的数学问题做可逆的逻辑改变，同时使有关的数学对象发生变化，由原来的数学系统进入另一个数学系统，但仍保持原来的数学结构，这就是变换数学问题中对象的形式的策略，并称这种变换为同构变换。

从同构的观点看，结构上相同的数学对象可以互相变换，这种变换丝毫不改变这些数学对象的本质，然而却对研究数学问题的难易程度有很大影响。一个比较复杂而难以求解的数学问题，经过同构变换，可能会变得十分熟悉明了，非常便于处理。

采用同构变换的策略，不仅产生了图论方法，还产生了变量替换法、反函数法、解析法、复数法、向量法、对数法、母函数法等许多方法。实际上，解各类科学问题的关系映射反演原理就是一种同构变换。这个原则是：在一个问题中，常有一些已知元素与未知元素（都称"原象"），它们之间有一定的关系，学生希望由此求得未知元素。如果直接求解比较难，可寻找一个映射，把"原象关系"映射成"映象关系"，通过映象关系求得未知元素的映象。从未知元素的映象通过逆对应（称为"反演"）求得未知元素。这个原则常称为 RMI 原则，其应用的一般过程如下。

①明确原问题的原象关系及未知元素。

②寻找适当的映射。

③确定未知元素的映象。

④进行反演，得到原问题的解答。

这里，寻找映射是最关键的一步，也是较难的一步。重要映射的发现，是数学上的重大贡献。

（三）数式变换

在解数学题时，常常要将题设结构式进行恰当的凑配、消合、替换等来整形，即所谓的整形变换，以达到目的。

①凑配。凑——是按照学生预定的目标，对题设构式进行分拆拼凑，凑合，凑成可套用某个公式，能用上题设条件或出现结论的形式等，以达到某种预期的目的。配——是根据题设条件，找到或发掘出题目中的构式的特点进行搭配、配对、配方，配置出为达到预期目的所需要的形式。

②消合。消——是根据题设条件，使学生尽可能地缩小考虑范围，使信息高度集中，以利于重点突破的变换策略。消，可以是分拆相消、代入相消、加减相消、乘除相消、引参消参等。合——是合并、统一的变换策略。统一几个分式的分母（通分）；统一几个根式的次数（化同次根式）；统一对数式或指数式的底（换底）；统一用题目的某个量或式表示其余的量或式（代入、代换）等，都是做"合"的工作，用"合"的策略。

③替换。将一个稍微复杂的式子视为一个单元，用一个变元或另外一个熟悉的式子来替代。或为了某种需求，将题设中的几个变元替代成另外的表达形式，从而使复杂问题变为简单问题，陌生问题熟悉化称为替换。替换有多种多样的形式，但替换后要特别关注新变元的取值范围及特性。

（四）图形变换

一个平面点集到其自身的一一映射，将平面图形 F 变到图形 F′的运动，称作 F 到 F′的一个图形变换，也称几何变换。

实际上，从 F 到 F′的一个图形变换是 F 的点到 F′的点的一一对应。若 A 是 F 的任一点，通过建立的变换对应着 F′的点 A′，则 A 叫原象，A′叫作象。在解答几何问题时常用的图形变换有合同变换、相似变换等几何变换以及等积变换。运用这些变换及其复合的变换策略，启发证题思路，获得简捷解法。

①合同变换（平移、旋转、对称）。一般地，题设条件中有彼此平行的线段，或有造成平行的某些因素，又需要将有关线段与角相对集中的可考虑采用平移变换。

②相似变换。位似变换是一种特殊的相似变换。在解答较复杂的几何题时，常用位似变换。

③等积变换。保持图形面积（体积）大小不变的变换叫作等积变换，又叫等积变形。在保持面积（体积）不变的情况下可以进行图形的拼补。利用等底等高的三角形、平行四边形面积（锥体体积）相等，进行等积变形是常采用的方法。

（五）数形互动

数与形是事物数学特征的两个相互联系的侧面，通常是指数量关系和空间形式之间的辩证统一。在解决数学问题时，把一个命题或结论给出的数量关系式称为式结构，而把它在几何形态上的表现（图像或图形等）称为形结构，或者反过来称谓。利用图与式的辩证统一，相互依托，就能在解题的指导思想观念上更加深刻地认识问题，在方法论意义上使其应用更为广泛。

数（式）和形两者相互依托，主要表现在：①由形结构转化为式结构。例如，解析法。②由式结构转化为形结构。例如，数形联想法、几何法，这种方法能够让求解更方便、更简单，也更直观。

这里需要注意：第一，式结构或个别式结构之间的转化是等价的，它属于一种数式变换，体现了隐含条件和各种变式的本质联系（统一性）。在这个过程中，它通过局部类比、相似联想等方法找到解题思路，从而解决问题。第二，形结构或部分形结构之间的转化，主要是通过某种"不变性"让形与形之间进行沟通，从而解决问题。

上述意义下的数（或式）形互助包括了数（或式）形结构本身的变式、变形间的转换及相互间的整体或局部转换。数形转换互助是探求思路的"慧眼"，也是深化思维的有力"杠杆"。有人说，见数构形，直觉作桥，可训练思维的敏捷性；由形思数，由表及里，可锤炼思维的深刻性；数形渗透，多方联想，可启迪思维的广阔性；数形对照，比较鉴别，可增强思维的批判性；数形交融，摆脱定势，可发展思维的创造性。

（六）模式寻美

"寻美"的策略，就是利用美的启示，来认识美的结构、发掘美的因素、追求美的形式、发挥美的潜意识作用来解决问题的一种策略。数学美是一种科学美，体现在其具有数学倾向的美的因素、美的形式、美的内容、美的方法等方面。美的因素丰富多彩，美的内容含义深刻：统一、简单、对称、相似、和谐、奇异。而且美的内容是存在于相互渗透的辩证关系之中的。简单、对称、相似都是和谐的特殊表现，和谐与统一寓于简单、对称、相似与奇异之中。数学就是和谐与奇异的统一体，数学美就是客观世界的统一性与多样性的真实、概括和抽象的反映。数学美的客观内容及对美的追求促进了数学的发展，美感为数学家提供了必要的工作动力，或者说对于美的追求事实上就是许多数学家致力于数学研究的一个重要原因。因此，在解决数学问题时，对美的追求是一种重要的策略，对于统一性、简单性、奇异性和抽象性的追求使学生对数学问题的认识不断深化和发展，冲破原来的认识框架、认识对象的内在联系而获得解题的思路。

这里重点谈对称美的问题。

从微观世界到宏观世界，从自然现象到社会现象无不显示出优美和谐的对称。数学的对称之美充满了整个数学世界，从数学的研究对象、研究手段，到有关概念、运算及大量的定理、公式的形式都与对称有关。面对数学上到处可见的绚丽多彩的对称，应尽可能地加以寻找与利用。寻找对称有思路，发现对称获念头，利用对称得发现。利用对偶原则、对偶式子、对称代换、对称图形探求思路等都是"模式寻美"策略的各种表现形式。数学对称方法也是一种重要的解题方法。

运用"寻美"的策略指导解题，解题过程和之前一直在套用已有题型、模式的解题过程不同，它强调解题时运用数学思维的辩证策略，即完成题意解读，了解题目特点之后，从自身审美出发，在自身累积的知识和经验中找到解题思路，在不断完善思路中实现问题的完美解决。

（七）构造与模拟

对于探索未知量、证明某命题等问题来说，一般会用到一些辅助问题，通过对辅助问题的构造与模拟，可以找到问题解决的捷径。

从人们的期待中可以看到他们之前接触过的某种模式、手段，他们用这些模式、手段去实现心中的想法，而这些已实现想法下产生的模式、手段，又能够看到其他的通向这个期待的手段、模式，如此反复循环，直到人们满意为止。这种"由后往前"的解决办法，就是解题的"构造"策略。

"构造"本身也是一种重要的解题方法。某些数学问题是由物理外壳脱颖而出，或蕴含物理意义。在解决这类问题时，将"构造"迁移，给它披上物理外衣，或利用一个物理装置把一个数学问题化为一个物理问题，从而求得解答，这就是解数学题的模拟策略。模拟可以运用力学原理，运用质点理论，运用光学性质、组合模型等。实质上模拟是一种特殊的模型构造策略。

（八）模式迁移

解题者在解答新问题时，总是要受先前解题知识、技能、方法的影响，称为解题迁移。因此，一切解题策略都包括"迁移"。"迁移"策略可能是积极的，起促进作用，也可能是消极的，起干扰或抑制作用。前者称为正迁移，后者则叫作负迁移。正迁移又分为垂直迁移和水平迁移。垂直迁移是纵向伸延，先前的策略为某一层次的，后来的策略是另一层次的。水平迁移是横向扩展，前后策略处于同一层次。垂直迁移和水平迁移都起正向迁移作用，只是表现形式不同。显然，人们需要的是正迁移策略，体现化归的正迁移策略。遇到困惑、陌生的数学问题，运用正迁移化归为特殊、简单、熟悉、具体、低维的问题使问题获解。

对形结构、式结构的深化认识的迁移便获得特殊数学模型（或特殊数学模式）的建立。例如，对轨迹作图的深化认识的迁移便有双轨迹模型的建立；解轨迹作图时，草图显得特别重要，赖以找到细分条件或条款的分法，而画草图的理论根据，则是假设符合条件的图形已作。笛卡儿把这种做法迁移过来，便提出了"万能代数模型"。

把代数中确定未知量的解方程的方法"迁移"到解其他问题便是一种"待定"的解题策略，即先用字母表示题中的未知数，作为待定的量，列出方程，依题中已知数与未知数的关系列出方程，最后通过解这个方程求出待定的量，这个过程可以形象地表示为"以假当真，定假成真"。所谓"以假当真"，即用字母表示未知量，把它真正地当作一个实实在在的量对待，所谓"定假成真"，即在解方程时运用方程变形的理论，把方程变形，一旦解出方程，原先假定的未知量（待定量）就变成了真实的已知量了。"以假当真，定假成真"在解一类几何题，对需要求解或借助满足一定条件的一条线段或一个点，却不知线段的长度或位置，或不清楚点在哪里的问题时，就先假定它已经确定，将它"以假当真"，与其他已知条件一起参加推理，最终可以"定假成真"，确定该线段的长度或位置，或确定点的位置。

数学模式（模型）的运用与突破，是解题经验的总结，也是提高联想能力、猜想能力以及消化和运用知识能力的重要体现。在解决一个自己感兴趣的问题之后，要善于去总结一个模式，并井然有序地储备起来，以后才可以随时支取它去解决类似的问题，进而提高自己的解题能力。

数学模式的运用的突破还体现在"移植"与"杂交"方面。

随着近代科学技术的不断进步，交叉学科得以产生，数学工具和数学思想逐步影响自然科学和社会科学。尤其是在控制论、信息论、系统论诞生之后，这种趋势更为明显。这些新学科的产生，主要表现在两个方面：第一，借助旧学科工具去解决研究对象中的新问题，比如生物学依赖的数学工具，便产生了"生物数学"。上述这种思维方式叫作"移植"。第二，不仅借助旧学科工具去解决面临的新问题，还在旧学科的思想方法、基本观点前提下建立属于新问题的概念、思想、方法。上述这种思维方式叫作"杂交"。

"移植"和"杂交"是借用生物学中的术语的一种形象比喻。代数中的方程观点、映射观点与几何相结合，则产生了坐标系（一种特殊的映射）和曲线方程这样的新概念，从而诞生了解析几何，这就是杂交的实例。此后，数学分析与几何杂交又产生微分几何。又如，最小数原理与反证法杂交产生了无限下降法等。平面几何问题的代数解法、三角解法，以代数理论为基础的尺规作图理论等都是杂交的例子。利用代数方程解三角的问题，利用函数图象解方程与不等式，向量工具步入几何，复数与三角的相互渗透等都是"移植"的实例。

二、"聚焦活化"策略

剖析众多的数学问题，尤其是综合性较强的数学问题，常因条件之间的联系比较隐蔽，关系松散或表现错综复杂不易想通，此即成为"难"。这时，像放大镜的聚焦作用一般，仔细分析比较题设条件或条件与结论间的异同点或蛛丝马迹，以及潜存着的数量关系或位置关系上的特殊联系，抓住其中的联结点及其中的共性，作为承上启下、左右逢源的"中介"（即中间问题或辅助问题），围绕它来展开活化（转换）并推演和运算，常能方便地找到解题途径，恰当而又适时地将各条件引入解题过程，并运用各有关条件和定理、性质，灵活地获得所需的结论，这就是"聚焦切入，活化中介"的解题策略，简称为"聚焦活化"策略。

这一策略的子系统体现了控制的思维，遵循的是简单化、具体化的原则。简单而具体常是指演算过程短、推理步骤少、逻辑环节浅显而明确具体、表达准确而简明。许多数学问题，虽然其表现形式看上去较为复杂，但其本质总会存在简单的一面。因此，如果能用简单的知识、简化的方法对问题进行整体处理或本质分类，则往往能找到解题的简单途径。

从数学本身的追求来说，是以简捷为美的。一个定理的证明、一个数学问题的解决，途径多样，方法纷繁，其中有繁简之分、曲直之辨等，但最优的解决方法往往是最简捷的那一种。

"聚焦活化"策略的核心是活化中介。因而，这里的活化常与分（分布、分类等）、比（对比、类比等）、引（引参、引理等）、调（调整、协调等）、切换、推演息息相关。

（一）寻媒与增设

当问题给出的已知量很少，且看不出与未知量的直接联系，或条件关系松散难以利用时，要有意识地寻找、选择并应用媒介量实现过渡。选择媒介量，首先要仔细分析题意，研究条件，考察图形，看准解题的过渡方向。即一方面由已知找到可知，另一方面由未知看须知，使已知与未知逐步靠拢。那些把条件与结论、已知与未知能有机地联系起来的量，诸如数式中共有的字母及量、函数、比值、图形中的公共边、公共角、互补或互余角，或其他密切相关的线段、角、面积、体积等，往往就是应找的媒介量。寻找并使用媒介量，有时还需对条件、结论进行一些变换。例如，对数式做一定的变形，在图形中添加一些辅助线、辅助面等，这就需要对面临的数学题做深思熟虑的观察分析和充分的联想。此外，还需注意，选取的媒介量不同，常导致解法也不同，有简有繁。

在数学问题中根据数式或图形特点直接寻找媒介量是常采用的策略。但实际上还有不少问题涉及的数式十分复杂，图形中已知与未知间的逻辑关系不很明朗，或图形中各个量之间的关系相当分散，一时找不到直接存在的媒介量，这时就应当对问题做全面充分地分析探索，选择与条件和结论都有密切联系的元素辅设为媒介量（即"增设"策略），以便穿针引线、架桥铺路、沟通题中各量之间的内在联系或改变数量关系的形式，催化反应，简化数式的表现形式，达到将分散的图形条件和结论汇聚起来的目的，进而顺利开辟解题路径，抵达胜利的彼岸。

对问题的思考角度不同，辅设的媒介量也常不同，一般总是选用起着关键作用的数式（增量、比量、待定量、匹配量等）、点、线段、角、面积、体积及各种辅助图形、辅助函数、辅助方程等辅助问题。解析几何及代数问题中的参数引入是寻找媒介量的一种重要表现形式。

（二）引理与原理

在解决问题的过程中，常需要引入或运用某些结论（证明了的定理除外）作为中间推理的根据。这些结论有待证明的被称为引理，无须证明或极易证明的事实或被人们公认的事实被称之为原理。这中间推理的根据有时需要设计或者寻找。

（三）分步与排序

在解答一个问题时，如果直接通向目标比较困难，那么就把这个问题从已知条件与结论之间建立若干个小目标或中途点，把原问题分成一些有层次、有关联或几个方面等的小问题，逐个解决这些小问题，以达到一个又一个小目标，最终把问题解决，这就是解决问题的分步策略。

如果一个数学问题中涉及一批可以比较大小的对象（实数、长度、角度等），它们之间没有事先规定大小或顺序，那么在解题之前可以假定它们能按某种顺序（数的大小、线段的长度、角的度量等）排列起来，通过对这种顺序的研究，常有利于问题的解决，这就是"排序"策略。

（四）分类与缩围

不少数学问题由于给定的条件和结论不相匹配，它表现出条件较宽或较少，一开始或当解题进行到某一步后，不能统一进行，必须将待解决的问题分成若干个比较简单、无顺序层次的情形或小问题，以便分别讨论，各个击破。这便是解数学题的"分类"策略。

分类，即将被分类的概念看成"种概念"，再按照一定的属性将其外延（与概念相关的事物）拆分为大量不相容的、并列的"类概念"。需要强调的是，此处的分类是按照概念各自的属性分类的，划分标准不同，类别也有所差异。例如，三角形集合，既可以根据角度得到，也可以根据边得到。对于某些特定问题，分类往往不止一次。

二分法是一种较为普遍的分类方法，它从被分类对象的外延出发，看其是否具有某个属性（即 P 与非 P），然后将其划分为两种截然相反的类别。

孙子兵法中有一种"收缩并分割，再围而歼之"的战略，而数学中的"缩小包围圈"这种解题思路恰恰体现了这种军事思想。这种解题思维包含了"放缩夹逼，限定范围""分类讨论，逐一击破""归纳特征，减元缩围""肢解简化，各别处理"等解题方法。

（五）类比与想象

类比是一种从个别到个别，从特殊到特殊或从一般到一般的推理形式。它是在甲与乙两个（两类）事物之间进行对比（对相反现象进行研究）、似比（对类似对象或现象进行共同研究），从它们的某些类似或相同（相异）的属性出发，根据甲具有某一属性，推断出乙可能也有与之类似或相同（相异）的另一属性。

一般来说，类比有三种基本形式，即正类比、反类比和合类比。在数学中通常运用正类比。

由于类比把人们对甲类事物的认识推移到对乙类事物的认识，扩大了认识的领域。因此，类比是温故知新、发现新问题、发现解题思路和方法去处理问题的策略，也是启发人们联想的思想工具，是进行创造性思维的一种好形式。类比能帮助人们从固有的解法模式中解放出来。培养思维的独特性，启发人们做多方探求，促进思维的流畅性，扩大人们的想象空间，使思维活跃。

但在运用类比时，应注意：①要尽量从本质上类比，不要被表面现象迷惑，否则只抓住一点表面相似甚至假象就类比，就会犯机械类比的错误。②类比是似真推理，它得出的结论不一定正确，还需经实践或用演绎法证明。

在考察他人和总结自己的解题过程中可以发现，当遇到难题而百思不得其解时，不必按固定的思路，而是借助于已知事物的表象对问题进行思考，设想解决问题的新方法或构造表现事物的本质的新形象，从而使问题获解。甚至可能是无意识地在受到某种意外事物的作用下，或注意力转向毫不相干的事情时，突然在脑间闪现出新的思想火花，使人们茅塞顿开，领悟其中奥妙，从而使长期倾心研究的问题瞬间获得解答。

人们把在解题过程中通过想象构思，出现新设想、形成新形象的策略称为想象。

想象属于一种科学思维活动，它是人们把大脑贮存的已有事物的表象进行加工改造后的独立构思；是把过去未能结合的新旧信息联系贯通，从而以某种新方式建立的新形象。那旧有事物的已有表象就是新事物的新形象的前提基础，而新事物的新形象就是旧事物的已有表象的新创造，而想象则是已有表象升华到新形象的思维心理过程的联系纽带。

有些想象是在旧有事物的已有表象的引发下，在人脑中进行仿造而设想出的类似的新形象，这是一种仿造想象，是一种初级想象。有些想象是人们在意外的引发物的作用下，在人脑中闪现出与旧有事物已有表象不同类的新形象，这是一种跳跃想象，是比仿造想象更繁杂、更高级的想象。还有些想象是在跳跃想象的过程中渗透着仿造想象的因素，既有跳跃性又有仿造性，这是一种复合想象，是跳跃想象和仿造想象的复合物。

想象主要有设想、联想与猜想三种不同方式。

①设想。设想指的是对同一个问题从各种不同的角度揣摩其来龙去脉，推测其发展变化的趋势和可能，构思各种不同的处理方案。也就是说，要根据对题目深入的思考和细致

的分析，估计出大致的解题方向，拟定出初步的解题计划。当然，一般说来，解题计划通常是在某些线索的引导下摸索形成的，并非一开始就为明确详尽的书面上的东西，而是多少有点模糊的粗略的直觉上的东西。设想是否符合实际、是否可行，与经验、理论基础、方法论的知识都有很大的关系。经验越丰富，理论基础越扎实，方法论的素养越高，设想的预见性也就越高。

②联想。联想指的是从事物的相互联系中考虑问题，从一事物想到与其密切相关的各种不同的事物，进行由此及彼思索的策略。

事物之间存在着各种不同的关系，如相似、接近、相反、特殊等。正是由于这种关系才使人产生类比联想。因此，事物之间存在着特殊关系，它使联想成为可能。而具体的相似、接近、相反和特殊等关系，使联想有了方向，从而它是联想这一心理活动的规律。人们通过联想，使旧问题的解决方法重现，在解决旧问题的方法的启发下，人们才开始动脑创建解决新问题的方法。因此，旧方法是形成新方法的前提，新方法的发现是旧方法的发展，而联想则是发现的中介。

联想主要有广泛联想（包括定向联想——联想定义、公理、定理和法则，已知已证命题，常用的解题方法和技巧）、双向联想、类似（相似、接近）联想、对比联想、关系联想、辩证联想（包括相等——不等、已知——未知、动——静、数——形）等。

③猜想。猜想指的是由直观或直觉上的初步判断认为可能成立，而又未经过严格证明的命题。这是人们依据某些数学事实建立这种尚待证明的命题的创造性的思维活动过程。

可以毫不夸张地说，任何一个数学中的定理，只要不是其他数学定理的直接推论，就都是经过猜想才建立起来的。当然，猜想并非是不顾事实的胡思乱想，它有一定的事实根据，又不受现成事实的束缚。猜想包含着以事实作为基础的可贵的想象成分，一个猜想越大胆，它所包含的想象成分也就越多。猜想可分为类比猜想、归纳性猜想、探索性猜想、仿造性猜想、审美性猜想。

在某些问题的解决过程中，猜想在不断地起作用，乃至指导整个思维活动。通过猜想可以估测问题的结果，很多数学问题的结论没有直接给出，合理地运用猜想，先考虑特殊情况，估测特殊情况的结果，从而找到一般情形的结论。通过猜想可以探索解题方向，当解题进行到某一步而不知下一步向何处走时，可以根据条件和结论，联想有关知识和解题经验做出某种猜想，往往能够确定以后的解题方向。能推能猜，推推猜猜，猜猜推推，常常是解题能力强的表现。当然，猜想也是发现新结论的重要途径。例如，运用猜想牛顿把二项式定理中的自然数指数推广到了任意实数的情形。

（六）方程与对应

方程的策略系指著名的万能代数模型策略。这一设计的可以轮廓描述为：首先，把任何类型的问题，都归结为数学问题；其次，把任何类型的数学问题，都归结为代数问题；最后，把任何类型的代数问题，都归结为解单一方程。

重温这一设计的意义在于，尽管它并非在所有情况下都有效，但适用于举之不尽的各种情况，尤其是初中数学所涉及的许多情况。重温这一设计的意义还在于，尽管其中包含着错误的东西，但也包含着极为正确、极为有用、可以发扬光大、应用到解各类数学问题并成为极为有效的策略。

这个策略的主要步骤有四个：①在充分理解问题的基础上，把它归结为确定某些未知量。②以最自然的方式考察问题，设想它已解，把未知和已知之间根据题设而必定成立的一切关系，按适当次序形象化。③取出已知条件的一条，以两种不同的方式表示同一个量，列出未知量的一个方程。有多少未知，就得把整个已知条件分成多少条，从而列出和未知一样多的方程。④把方程组归结为单一方程。

在如上的代数模型中，最精彩、最有用的是"设想问题已解"和"用两种不同的方式表示同一个量"两步。迄今为止，仍是初等数学和高等数学建立各种方程（待定系数、微分方程、隐函数的导数等）的基本功，特别是学好代数和解析几何的基本功。这两步有时兼用，有时单用。

"用两种不同的方式表示同一个量"的引申就是"用两种不同问题形态表示同一实质的关系"，这便是对应的策略。显然这里的对应是指一一对应或配对，这里的对应也属于"RMI原则"的策略。对应的策略，也称为映射的策略。在处理集合的元素计算问题时，映射策略具有特殊的作用。

（七）列举和递归

某些数学问题情况比较复杂，但有限定或界定时，解答时需要采用列举策略，找出所有可能出现的情况，一一加以分析、讨论、推理或计算，必要时把所得结果互相比较，逐一排除或筛选结果，然后归纳出结论。

采用列举策略，常常在如下四种情形时需灵活处置。

第一种情形：在用反证法证某些问题时，原题结论的反面有多种可能情况，要一一列出，逐条加以否定的穷举归谬型。

第二种情形：在解有关组合问题、逻辑问题和数谜问题时，题目的结论、条件或论证过程可能出现多种情况时，逐一列出，分别论证或计算，然后归纳出结论的穷举归纳型。

第三种情形：在解有关不定方程、组合计数问题时，分别列出各种可能的情况，在每一种情况下，找出有用的情况，淘汰无用的情况的穷举搜索型。

第四种情形：在有关几何作图、求轨迹、解含参数的方程或不等式等问题时，问题的结论有多种可能而又未明确指出的穷举表述型。

怎样使列举的对象尽量地少，这是列举的难点，也是其巧妙之所在。这应当考虑极端的情形，这也是特殊策略的意义之一。

将列举策略引申至处理某些情况比较复杂的数学问题。例如，涉及无限定或无界定（无限多、无穷多等）的问题，就要运用递归的策略。递归是通过有限认识无限的重要策略，一般适用于探讨与自然数有关的问题。运用递归策略的关键，在于寻找所论对象的某种递推关系，有了这种递推关系和初始值，便能经递归达到解题的目的，而递推关系又常通过经验归纳法的思路去探讨。因此，递推关系的正确性是需要严格证明的。常通过数学归纳法证明。显然数学归纳法是典型的递归证明方法。递归是对问题不直接进行攻击，而是对其变形、转化，直至最终把它化归为某个（些）已经解决的问题。有些常运用数学归纳法证明的与自然数有关的数学命题，运用递归策略可简洁证明。

（八）调整与逼近

讲到调整，就联系到座位调整、队形调整、人员调整、价格调整等，其意义是不言而喻的。调整一般是局部的、逐步的。解数学题过程中的调整策略，就是把解题信息分类分析，通过逐步或局部调整，找出最佳方案。由于调整的策略将变量分散考虑，使研究的变量个数相对减少，可使问题得到简化。

调整时又分微微变动与局部调整，微微变动是按照已知条件选取某个简单问题奠基或某一任意的方案，然后做微小变化调整，把问题归结到已有的结论上或考察通过怎样的微小变动才能使方案改善，重复上述工作或再继续变化，使其不能再改善，从而得最后方案，即最佳方案。局部调整就是假定某几个变量是已知的或暂时保持不变的，调整剩下变量的相互关系，使之达到目标（相对目标），然后调整开始固定的那些变量，从相对目标中找到最适合的一个。

逼近的策略，就是从与问题实质联系的较宽条件和较低要求开始，利用此时获得的结果作为新的行动基础，再逐步加强要求，加深层次，逼近原问题，最终获得彻底解决问题的一种策略。它包括一系列试探，其中每一个都企图纠正前面一个所带来的误差。简言之，误差随着试探而减少，而逐次进行的试探则越来越接近所要求的最终结果。前面谈到的"缩小包围圈"是逼近的一种形式。逼近策略自然可用于种类繁多、水平各异的求解步骤。当在词典上查一个单词的时候，便在应用逐次逼近策略，按照字母的顺序，根据注意到的单词，在所要找的单词之前或之后，向后或向前翻页，等等。

逼近策略甚至可用于整个科学领域。一个接一个的科学定理，每一个比前一个都对现象做出更好的解释，这可以看作是对真理的逐次逼近。

逼近策略历来被数学家们称为高深的策略，可以用它来解决其他策略难以处理且具有重大实际意义的高级问题。

逼近策略是从古代数学家用割圆术来求圆周率 π 的近似值，到分析数学始终贯穿的一条基本线索。如实数理论中用有理数逼近无理数，极限理论中的闭区间套和单调有界原理，微分学中的用平均变化率逼近瞬时变化率，积分学中的用有限和逼近无限和，级数理论中的用多项式逼近函数等。逼近是数学上最基本，也是最重要的策略之一。逼近的形式常有：递推式逼近、连锁式逼近、调整式逼近、递降式逼近、磨光式逼近等。

逐次逼近的策略收到了分散难点、逐层突破的效果。像这样为了解决问题而从与问题实质有联系的较宽要求开始，然后充分利用已获得的结果作为新的行动基础，逐步加强要求，逐次逼近原问题，直至最后彻底解决。显然逼近是一种有确定方向和一定程序的靠近。

从逼近的方向来看，有顺推、逆溯等方式。从逼近的程度来看，有模糊逼近、近似逼近等。从实现逐次逼近的实质来看，有启发逼近式和直接逼近式。直接逼近式中又有：①问题序列逐次逼近。把原问题所求范围扩大，得问题 A_1，再逐步缩小范围得 A_2，…，A_n。在这个问题序列中，后一问题的解决直接依赖于前一问题的解决结果，而最后解出的 A_n 是原问题的结论。②问题状态序列的逐次逼近，又叫磨光变换。把一种状态变为另一种状态，逐步消灭状态间的差别，最后达到平衡的、均匀的状态。③问题解序列的逐次逼近。选给问题的一个初始解（可行或近似的），然后以此解为基础，按固定的程序给出一个解序列，它的极限就是问题的精确解。而序列的每一项都是近似解，且一个比一个更接近精确解。

实现逐次逼近还可运用等分和等高线等。

三、差异分析、适时转换策略

所谓差异分析是利用差异使目标差不断减少的策略。这种差异包括处理手段的差异、分析条件和结论两者的差异。在运用差异分析时要注意以下几点。

①从需要分析的题目结论和条件中的多种特征找到目标差。比如，字母的指数或系

数、元素个数等数量特征。还有垂直或平行、等于或大于等关系特征，以及位置特征等。

②当目标差出现在题目中时，要尽量使目标差减少。

③每次调节目标差都要能发挥作用，才能够不断减少目标差，否则便无法达到累积的效果。

④减少目标差的调节常体现在处理手段差异的调节与转化。

运用差异分析解题可以同时回答"从何处下手"与"向何方前进"这两个基本问题。从分析目标差入手，向着减少目标差的方向前进。对于恒等式或不等式证明题，这一策略常能奏效。对于处理手段差异的调节，则需要适时恰当转化。这是由于人们解决数学问题，常常按照习惯的思维方式进行思考。这种思考方式对于特定的数学问题形成了一种强烈的意识，人们常借助一些具体的模式和方法加强这种思维定式，而使许多数学问题得到解决。然而，按照这种思考方式在很多时候也会出现较繁或较难入手的情形，或出现一些逻辑上的困惑。这时就要从辩证思维的观点出发，向减少处理手段差异的方向前进，即从问题或其中的某个方面的另一面入手进行思考，采取顺繁则逆，正难则反的适时转化解题策略。简言之就是说，当用顺证不易解决时，就考虑用反证或逆推；当正向思考不能奏效时，就采用逆向思考去探索；当推理中出现逻辑矛盾或缺陷时，就尝试从反面提出假设或特例，通过逆向思维进行论证。这一策略子系统体现了调节的思维，遵循的是和谐化以及分析问题的全面性原则。进退互用、倒顺相通，这是差异分析适时转化策略的灵活运用。

当遇到解题困难时，可以换种解题思路，不再执着于迅速解决问题，而是集中精力思考问题，才能够使自己的头脑清醒，更加客观地看待所需要解决的问题。同样在解决问题时也可以主动解决容易问题，这些问题可以从一般性问题推导出具体特殊的问题。进退思路灵活运用才能事半功倍。后退思路非常重要，主要有以下几种：抽象退到具体；高级思维退到低级思维；一般退到特殊；较强命题退到较弱命题。而如果是以进求退则是相反的思路。这种策略的使用可以帮助学习者更好地解决所遇到的数学难题，是探索未知领域的必要手段，在引申、推广问题的过程中，不断提高自己的创造力和解决问题的能力。

对问题倒推顺证进行综合思考，易于挖掘题中隐含的数量关系并发现有关性质，从而沟通已知条件和待证结论或求解对象间的过渡联系。倒顺相通，兼顾结论和条件两个方面，集中注意力于目标，从整体到局部考虑，进行广泛联想，这是辩证思维对事物认识的正确反映。倒顺相通策略的运用有两种表现形式：一种侧重于整体性的思考，即抓住两头，盯住目标，寻求压缩中间环节的解题捷径；另一种是侧重于联通性的思考，即两头夹击，沟通中间，达到目标的总体思路。这两种形式也可以在解题过程中局部加以运用。

（一）正面思考与反面思考

解答数学问题从已知条件出发，进行正面思考，称为正面思考策略。对于大多数问题，人们通常运用正面思考策略。在正面思考遇到困难时，应适时运用反面思考策略，即从条件的反面或结论的反面、方法的反面去思考。反面思考的常用策略还有逆推、反求、反证、举反例等。

（二）整体与局部

解题是一个系统工程，系统的整体性决定了要用整体的观念研究和指导解题。它们的各部分是互相联系、互相影响的，它们以某种结构的形式存在。解题时将问题看作一个完整的整体，注意问题的整体结构和结构的改造，解题的成功是整体功能的作用，这便是整体策略。解题时，在研究问题整体形式、整体结构或做种种整体处理（整体代换、整体变形、整体思考等）过程中，注意问题内部的结构中某特殊局部，由此可知能牵动全局的便是局部策略。例如，人们熟知的割与补、添与减等就是具体运用局部与整体策略的典型。用整体策略来分析、处理问题，注意问题的整体结构（有时还将局部条件和对象重新改造并组合成另一个整体模式），能容易把握住问题的要点和相互联系，排除细节的干扰，监控并调节思维过程和解题程序。还要注意，有时也需在考虑问题时适时并多次转换，从整体到局部，从局部到整体。

（三）表面与内在

观察题设条件的表面形态特征，有时也能简捷破解。但当问题较复杂时，还必须通过探索问题的内容属性去揭示内在的规律，即采取层层剥笋、步步深入的策略，才能水落石出，探求出未知。一般地说，对于较复杂的问题仅靠外形破解是不可能的，必须里外结合方能奏效。

（四）进与退

人们在认识事物的过程中，自然会不断向前推进认知。数学更是一个不断前进的过程，其中的命题序列和知识发展都是环环相扣的。然而这种发展历程不是绝对的一往无前，而是在后退中求前进，在前进中求发展，在进退之间相互转化，没有绝对的壁垒。这是学习者在学习道路上必须学会的辩证思维。学习者在面对学习难题时，如果直接解题会难以前进，那么就应该去考虑更普遍或者更特殊的问题。进退互为前提，不能分割，但对于解决问题来说，学会后退比前进更加关键。

后退是要删繁就简，寻找到具备基本特征的简化问题，可以从复杂、整体、较强的结论、抽象、一般、高维退回到特殊、部分、较弱的结论、具体、简单、低维。

退到最小独立完全系，先解决简单的情况，先处理特殊的对象，再归纳、联想，发现一般性。取值、极端、特殊化、由试验而归纳等都是以退求进的表现。

明智的退有如下三个基本功能。

①提示解题方向。有的题目其结论是不明确的（如定值问题），经过"退"（取特殊数值、特殊位置、特殊结构）可以找到结论应是什么（定值的具体数字或表达式），接下来的证明就有了目标。抓住了解题的前进方向，是解题的重大进展。

②寻找解题途径。问题经过"退"之后，变简单、特殊了，解决起来就容易了。然后，简单情况的处理可能呈现着复杂问题的解决方案，特殊情况的完成可能提供了一般情况的类比基础。一个关于自然数的命题，对 n = 1，2，3 解决了，对任意的 n 也可以同样解决。

③直接解答问题。很多数学问题，其实是某个（些）结论的特例。可以不失一般性地认为，所有习题的结论都必定是已知的必要条件。而得出这些"特殊"或"必要条件"，常常就是一个"退"的过程，一个简单化、特殊化、限定或取值的过程。在求解选择题、填空题时，取特殊值是一个重要的方法。

（五）动与静

事物通常有两种存在状态：一动一静。两者并不是绝对对立的状态，而是可以在某些情况下互相转化的，静可以转为动，动中孕育着静。在数学领域，静态化的形态和数量都可以借助动态化的思维解决。比如，用变化的数值看待常数，用瞬间运动的过程看待静止状态，反之同样适用。比如，变化、无限的数值可以用某个字母代替；无尽变化的趋势可以用不等式进行描述；事物之间的依存关系可以用函数来代替。这些都是将动态问题静态化处理。具体体现动静转换策略的有以下几种：轨迹相交、局部调整法、定值探求、递推法、初等变换、变换法、不变量等。

人们对于静态化的事物可以认为是运动过程中的某个静态瞬间，或者是找到静止之前的动态化轨迹，将运动化的视角赋予静态化的事物。

动、静是一种相对的状态。如果静止的 A 和运动的 B 进行比较，可以认为是 A 动 B 静。同时，事物在运动状态下也会有相对静态化的状态，在解决数学难题时，转化动静思维方式，寻找不变的量、性质或者静态化的状态，都可以成为解题的重要突破口。

（六）特殊化与一般性

解题者在研究问题或者对象时，会从个别情况或者小范围之内进行思考，这种解题策略便是特殊化。特殊化通常和一般性相结合。因此，个性和共性便是解题者所要考察的重点，要想了解事物或对象的本质属性，就要结合综合比较、分析、归纳等多种形式进行思索。在使用特殊化这种解题策略时要注意以下三方面。

一是从一般到特殊。在解决问题时可以把需要解决的对象或问题，从一般特性问题出发，然后再逐渐增加外在条件，针对其中部分或特殊情况进行重点分析，将问题进行特殊化处理，这是演绎的重要形式。

二是从个别和特殊出发找到一般规律。要想了解事物的关系和性质就要从特殊角度出发，找到解决问题的方法、途径、方向，这也体现了以退为进的解题策略，具体可用到反例分析法、特例、极端性原理等多种方法。

三是由特殊否定一般。在解决数学难题时，借助特殊化策略可以使解题者思路更加清晰，还可以发现证明，以反例、排除法等多种形式，使解题思路更加完善，思考范围更加广泛，不会出现遗漏答案的状况。

这种策略是从一般化向特殊化进行推进，也称之为普遍化策略。解题者在研究问题或对象时，适当放宽外在条件，将结论的关系、形式、数量进行普遍化处理，从而在更宽泛的范围内进一步解题。

一般性蕴含着特殊性，特殊性孕育着一般性。解题者在解题的过程中会使用公式、法则、公理、定义、定理等多种方式，这种解决过程其实是"一般"向"特殊"转化的过程，也是"特殊"向"一般"进行转化的过程。这种转化过程是比较常见的，解题者创建合适的学习情境，借助一般性来更好地揭示事物发展的规律和事物的本质，提高解题者的创新能力和解决问题的能力，才能够更好地使用其他的策略。

（七）弱化与强化

特殊与一般是弱化与强化的一种形式，降格（维）与升格（维）也是弱化与强化的一种形式。

某些问题由于无关紧要的枝节掩盖了问题的本质，找不到解答的关键所在。于是变更转化命题，使原命题适时弱化或强化，或强、弱反复适时转化使之更明确地表现出问题的本质。

（八） 抽象与具体化

抽象是在对事物进行由表及里、去粗取精、去伪存真的基础上，抽取提炼事物的本质属性，舍弃事物的非本质属性，借以形成科学的概念和揭示事物的发展规律的一种思维。抽象策略就是挖掘数学问题的本质特征而使问题获解。用图论方法、映射方法等解题是抽象策略的具体表现。

具体化是把抽象的概念、定理和规律体现于具体的对象或问题的策略。任何具体事物都是许多规定的综合，因而是多样性的统一。而人们认识具体的过程则表现为：感性具体→抽象→综合→理性具体。因此，具体化的策略作用包含两个方面。

①把抽象的概念、定理和规律回归于感性具体，用个别的、特殊的或局部的具体实例或经验材料对抽象内容做直观描述，验证抽象规律或应用抽象法则，以加深对概念、定理和规律的理解。

②把抽象的概念、定理和规律，通过综合上升为理性具体，形成各种思维的具体模式，体现于各类典型的具体对象或问题。因此，理性具体化也是模式化过程的另一个侧面，是辩证思维的重要体现，是抓住了抽象与具体的对立统一，反映具体事物之间的同一性和相似性相联系的认识方法。

（九） 分解与组合

数学解题中的分解与组合策略，是辩证思维的重要内容之一。由于矛盾存在于一切事物之中，分与合这对矛盾在数学解题中也是无处不在的。

分解策略，就是在解题时，将待解决的问题适当分拆、分域、分步、分类等，或将图形分拆成易于讨论的几个互相契合的图形，然后一一证之或解之（各个击破），这种策略常可使一时难以捉摸、无法下手的问题变得明朗清楚。

组合策略，也是一种整体策略。解题时将待解决的问题的条件组合起来、叠加起来，从统一的角度，用整体的观点来考虑如何达到目标。这可使人们更为透彻、更有条理地了解问题中所包含的各种信息，这对于比较自然、比较有把握地发现解题途径无疑大有好处。

在很多情形中，一个问题的解决离不开分与合的相互配合、相互转化，有时是先分后合，有时是先合后分。

第三节　思维障碍的本质

一、思维障碍多种界定

数学思维障碍是在数学问题解决中，由于学生不具备良好的思维品质而造成不能顺利地解决问题，从而在问题解决中造成思维的中断或错位。

数学思维障碍指解决数学问题时阻碍问题解决者正确觉察、认识问题，进而构想出问题正确解法的心理屏障及在生成、分析与组织概念时，阻碍概念形成者形成正确概念，把握概念的本质属性，正确运用概念的心理障碍。

数学思维障碍是数学问题变化引起数学思维主体内部状态紊乱和失调，并阻碍数学思维活动正常进行的主观体验。

二、思维障碍的分类

（一）思维形式障碍

思维形式障碍的表现可以分以下形式。

①思维奔逸，又称观念飘忽，指联想速度加快、数量增多、内容丰富生动。

②思维迟缓，即联想抑制，联想速度减慢、数量的减少和困难。

③思维贫乏，指联想数量减少，概念与词汇贫乏。

④思维散漫，指思维的目的性、连贯性和逻辑性障碍。

⑤思维破裂，指概念之间联想断裂，建立联想的各种概念内容之间缺乏内在联系。

⑥病理性赘述，指思维活动停滞不前迂回曲折，联想枝节过多，做不必要的、过分详尽的、累赘的描述，无法使人讲得扼要，一定要按其原来的方式讲完。

⑦思维中断，又称思维阻滞。患者无意识障碍，又无外界干扰等原因，思维过程突然出现中断。

⑧思维插入，指患者感到有某种思想不是属于自己的，不受他的意志所支配，是别人强行塞入其脑中。

⑨思维化声，是患者思考时体验到自己的思想同时变成言语声，自己和他人均能听到。多见于精神分裂症。

⑩思维扩散，是患者体验到自己的思想一出现，即尽人皆知，感到自己的思想与人共享，毫无隐私而言，为思维扩散。

⑪象征性思维，属于概念转换，以无关的具体概念代替某一抽象概念，不经患者解释，旁人无法理解。

⑫语词新作，指概念的融合、浓缩以及无关概念的拼凑。

⑬逻辑倒错性思维，主要特点为推理缺乏逻辑性，既无前提也无根据，或因果倒置，推理离奇古怪不可理解。

⑭强迫观念，指在患者脑中反复出现的某一概念或相同内容的思维，明知没有必要，但又无法摆脱。

（二）思维内容障碍

妄想是一种病理性的歪曲信念，是病态推理和判断，有以下特征：信念的内容与事实不符，没有客观现实基础，但患者坚信不疑；妄想内容均涉及患者本人，总是与个人利害有关；妄想具有个人独特性，妄想内容因文化背景和个人经历而有所差异，但常有浓厚的时代色彩。

临床上通常按妄想的主要内容归类，常见的类型如下。

①被害妄想，是最常见的一种妄想。患者坚信自己被跟踪、被监视、被诽谤、被隔离等。患者受妄想的支配拒食、控告、逃跑或采取自卫、自伤、伤人等行为。主要见于精神分裂症和偏执性精神病。

②关系妄想，患者将环境中与他无关的事物都认为与他有关。如认为周围人的谈话都是在议论他，别人吐痰是在蔑视他，人们的一举一动都与自己有一定关系。常与被害妄想伴随出现，主要见于精神分裂症。

③物理影响妄想，又称控制感。患者感觉自己的思想、情感和意志行为都受到外界某种力量的控制，如受到电波、超声波或特殊的先进仪器控制而不能自主。如患者觉得自己的大脑已被电脑控制，自己已是机器人。此症状是精神分裂症的特征性症状。

④夸大妄想，患者认为自己有非凡的才智、至高无上的权力和地位，大量的财富和发明创造，或是名人的后裔。可见于狂躁症和精神分裂症及某些器质性精神病。

⑤罪恶妄想，又称自罪妄想。患者毫无根据地坚信自己犯了严重错误、不可宽恕的罪恶，应受严厉的惩罚，认为自己罪大恶极死有余辜，以致坐以待毙或拒食自杀；患者要求劳动改造以赎罪。主要见于抑郁症，也可见于精神分裂症。

⑥疑病妄想，患者毫无根据地坚信自己患了某种严重躯体疾病或不治之症，因而到处

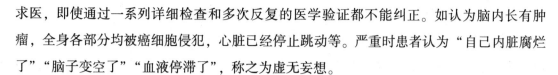

求医，即使通过一系列详细检查和多次反复的医学验证都不能纠正。如认为脑内长有肿瘤，全身各部分均被癌细胞侵犯，心脏已经停止跳动等。严重时患者认为"自己内脏腐烂了""脑子变空了""血液停滞了"，称之为虚无妄想。

⑦钟情妄想，患者坚信自己被异性钟情。因此，患者采取相应的行为去追求对方，即使遭到对方言辞拒绝，仍毫不置疑，而认为对方在考验自己对爱情的忠诚，仍反复纠缠不休。主要见于精神分裂症。

⑧嫉妒妄想，患者无中生有地坚信自己的配偶对自己不忠诚，另有外遇。为此患者跟踪监视配偶的日常活动或截留拆阅别人写给配偶的信件，检查配偶的衣服等日常生活用品，以寻找私通情人的证据。

⑨被洞悉感，又称内心被揭露。患者认为其内心所想的事，未经语言文字表达就被别人知道了，但是通过什么方式被人知道的则不一定能描述清楚。该症状对诊断精神分裂症具有重要意义。

（三）超价观念

超价观念是在意识中占主导地位的错误观念，其发生一般均有事实的依据。此种观念片面而偏激，带有强烈的情感色彩，明显地影响患者的行为及其他的心理活动，它的形成有一定的性格基础和现实基础，没有逻辑推理错误。超价观念与妄想的区别在于其形成有一定的性格基础与现实基础，内容比较符合客观实际，伴有强烈的情绪体验。多见于人格障碍和心因性精神障碍。

三、数学思维障碍的含义

思维障碍是指由于学生认知结构的不科学、不完整或不具备良好的思维品质，从而在理解并掌握知识或正确觉察、认识问题，进而构想出问题的正确解法的过程中，出现的思维中断或错位。

数学思维障碍指学生在理解并掌握数学知识和解决数学问题过程中出现的思维障碍。

（一）认知发展理论

该理论认为学习的实质是学生主动通过感知、领会和推理，促进类目及其编码系统的形成。类目是指一组相关的对象或事件。根据其理论，学习本身是一种认知过程，在这个过程中，个体的学习总是要通过已知的内部认知结构，对"从外到内"的输入信息进行整理加工，以一种易于掌握的形式加以储存。也就是学生能从原有的知识结构中提取最有效的旧知识来吸纳新知识，即找到新知识的"媒介点"，这样新旧知识在学生的头脑中发生积极的相互作用和联系，促使原有知识结构的不断分化和重新组合，使学生获得新知识。数学学习的过程是新的学习内容与学生原有的数学认知结构相互作用而形成新的数学认知结构的过程。当新的知识与学生原有的知识结构不相符或者新旧知识中间缺乏必要的"媒介点"时，这些新知识就会被排斥或经"校正"后吸收。如果新旧数学知识不能顺利"交接"，势必会造成学生对所学知识认知上的不足和理解上的偏差，从而使学生在数学学习或在解决具体问题时产生思维障碍。

（二）建构主义学说

建构主义者认为，学习是学习者利用原有的知识经验来理解和建构新知识的过程。数学学习并非是一个被动的接受过程，而是一个主动地建构过程。同化和顺应是建构的基本形式。所谓同化，就是把同认知结构相一致、相协调的新知识改造、容纳到原有的数学认知结构中，从而扩大原有认知结构的过程。而与原有认知结构不协调的新知识，为了吸收它，就要改造、调整原有的认知结构以使新知识能适应这种认知结构，这就是顺应。在数学学习的建构过程中，学生主体作用的发挥和对数学学习过程的意识是至关重要的。因为一切数学知识、能力和思想方法的获得，都必须经过学生自己感知、消化、改造，使之适合自己的数学认知结构，才能被理解和掌握。学生数学知识的建构过程是一个不断发展的过程，要不断地"建构和反思"和"反思再建构"，才能使知识建构得准确，掌握得完全，否则就会形成思维障碍。

（三）元认知理论

元认知是现代认知心理学中一个非常重要的概念，元认知就是对认知的认知，具体地说，元认知概念包括三方面的内容：一是元认知知识，即个体关于自己或他人的认知活动、过程、结果以与之有关的知识；二是元认知体验，即伴随着认知活动而产生的认知体验或情感体验；三是元认知监控，即个体在认知活动进行的过程中，对自己的认知活动积极进行监控，并相应地对其进行调节，以达到预定的目标。因此，元认知过程实际上就是指导、调节人们的认知过程，选择有效认知策略的控制执行过程。其实质是人对认知活动的自我意识和自我控制，是个人关于自己认知过程的知识和调节这些过程的能力，或者说是对思维和学习活动的知识和控制。元认知有两个独立但又相互联系的成分：对认知过程的知识和观念，也就是元认知知识；对认知行为的调节和控制，也就是元认知控制。

数学元认知知识是学生对自己或他人数学认知活动的过程、结果及有关内容的认识，包括数学经验知识、数学理论知识、数学核心思想、数学思维模式和数学策略性知识。在数学思维中，元认知体验主要表现在：一方面是新思路、新方法的建立；另一方面是对原有的思维方法、思维模式的不断扩充和完善。元认知监控在数学学习过程中的作用，主要表现在学生对具体的数学思维活动开展前的目标确认、计划安排、结果预测及在进行过程中把握方向和解题后的自我反省。传统的教学中，教师只注重知识传授，忽视能力的培养，只注重问题解决的结果，忽视问题解决的过程。同时，在高考指挥棒下，教师搞题海战术，忽视学生在解决问题时思维能力的培养，其结果往往使学生只注重解题训练而不重解题前的计划、解题过程中的检查以及解题后的反思。

（四）迁移理论

学习迁移指的是一种学习对另一种学习的影响。从迁移的方向可以分为顺向迁移和逆向迁移，前者是指先前学习对以后学习的影响，后者是指以后的学习内容对以前学习内容的影响。从迁移发生的效果可以分为积极迁移和消极迁移，或称为正迁移和负迁移。正迁移指一种学习对另一种学习的积极影响或促进，负迁移是指一种学习对另一种学习的消极影响或干扰。当新知识与认知结构中原有的知识相似而不相同时，先入为主的原有知识常干扰、抑制新知识的习得，这就会出现负迁移。在问题解决中知识的迁移能够加速或抑制问题解决的效率，要提高知识的正迁移，防止负迁移，否则会阻碍问题的解决。

第四节　解题思维障碍的表现和形成原因

一、解题思维障碍表现

（一）突破数学学习障碍的重要性

第一，突破数学学习障碍有助于初中生树立良好的数学思维，同时帮助学生增强其发现问题、提出问题和解决问题的能力，突破数学学习障碍是学生学习素养的标志，其扩展了学生思维，更好地驾驭数学问题并强化自我的解题能力和数学推理能力。

第二，突破数学学习障碍可以提高学生数学应用能力，更好地把数学知识和实际问题结合在一起。数学问题解决能力可以强化学生的数学学习并有助于其形成全面科学的数学知识框架，同时巩固学生对数学基础知识的认识，促使学生用数学的眼光看待世界。

第三，突破学习障碍可以提高学生的数学学习信心并激发其数学学习的兴趣，体验成功解决数学问题的乐趣，同时初步培养学生的创新思维和能力。

（二）解题思维障碍的表现

1. 肤浅的数学思维

①概念、原理的理解不深刻。一般的学生仅仅停留在表象的概括水平上，不能脱离具体表象而形成抽象的概念。造成这种问题的主要原因是学生在学习数学的过程中，对于数学基本概念、定理、公式，仅仅满足于机械的记忆，对一些数学概念或数学原理的发生、发展过程没有进行深入的思考、分析，对于概念和定理的本质并不理解，从而不能有效地加以吸收利用。

②考虑问题不全面，思维不够缜密。造成这种问题的主要原因是学生在学习过程中，不注意基础知识、公式定理的准确性、规范性，分析解决问题缺乏严谨性，对知识的掌握运用做不到融会贯通，不能从多方面、多角度思考问题。

2. 消极的数学思维定式

（1）影响新知识的吸收

学生学习吸收新知识的时候需要借助，原有的知识结构中相近的旧知识，新旧知识在学生的头脑中发生积极的相互作用和联系，导致原有知识结构的不断分化和重新组合，使学生获得新知识。但当新的知识与学生原有的知识结构不相符或者新旧知识中间缺乏必要的联系时，这些新知识就会被排斥或经"校正"后吸收，就势必会造成学生对所学知识认知上的不足、理解上的偏颇。

（2）思维定式对解题的影响

随着学习的不断深入，知识的不断积累，思想方法的不断完善，学生在解题的时候逐渐形成自己较为固定的思维模式，这种思维定式在一定程度上能帮助学生快速的解答某些问题，但更多的时候，思维定式会束缚学生的手脚，对思维的灵活性起到阻碍的副作用。

3. 思维定式型障碍

由于初中生数学解题思维障碍产生的原因不同，并且作为学习的主体——学生自身的努力程度、思维方式以及思维习惯各异，因此初中生数学解题思维障碍的表现也是多种多样的。所谓的思维定式是指人们遇到问题时，根据以往的经验或习惯在实践中多次运用而形成的一种思维模式，影响或决定着类似的后继思维活动。

对于新问题的解决，思维定式可能会起积极作用，也可能会起消极作用。初中生学习数学时，经常无意识地运用已经习惯的思维规律到新的数学情景中，不善于变换认识问题的角度，因而造成数学问题得不到正确的解决。思维定式有积极思维定式和消极思维定式之分。

积极思维定式指的是当人们要解决的问题与之前遇到的问题相似或同一类型时，凭着以往的经验和习惯的思维有利于问题的解决，例如：一般情况下，如果学生课下解的数学题比较多，见的题型较多的情况下，解题思维能力一般较强，考试的时候解题速度较快。如果平时解题很少，见到陌生的题目往往无从下手，自己苦思冥想不得其解，当老师或别的同学稍做提醒便恍然大悟。

消极思维定式指的是当思维的趋向性与当前问题的解决途径不一致时，就会产生消极的不利于问题解决的干扰作用，有墨守成规之意。由于之前的思维方式或习惯而形成的心理状态，使学生以比较固定的方式做出反应，按一种固定的思路去思考问题，常常根据以往的经验解决看似类似的问题，导致解答出现错误。

二、解题思维障碍形成的原因

（一）数学解题思维障碍的因素

学生的数学解题思维出现障碍究其成因无非源于两个方面，即教学中教师的问题和学生自身的问题。一方面教师在教学过程中脱离学生的实际，学生在学习数学知识过程中，其新旧数学知识不能顺利连贯运用，那么必会造成学生对所学新知识认知上的不足、理解上的偏颇，从而在解决具体问题时就会产生思维障碍，影响学生解题能力的提高；另一方面学生在平常不注意课后的总结和经验的积累，分析和解决问题的方法单一，缺乏联想，又由于学生思维定式的消极影响，解题习惯于从正面入手，每每遇到困难时不懂得转向逆向思维来解决问题。

1. 教学中影响思维障碍形成的因素

由于每学期知识衔接的不当导致学生数学思维的差异性，每个学期不管在课堂容量还是课堂节奏上都发生很大的变化，使学生的思维调整一时之间不能做到，在课堂上几乎一直处于被动状态，接受新知识变得非常困难，导致思维迟钝，从而形成恶性循环。教师教学方法的差异，也使学生一时之间难以接受，有的教师注重训练，有的注重知识的理解和运用，有的教师的课堂模式从讲解转换到学生的讨论与自学上来，每次转变的过程中，学生原有的学习方法和思维模式无法得到适应，当意识到问题的严重性，已经来不及了，这种因素使学生输在起跑线上，即使学生后期投入更多的精力，收获也可能微乎其微。

2. 学生自身影响思维障碍形成的因素

由于很多学生在数学学习过程中，对一些数学概念或数学原理的发生、发展过程没有深刻仔细地理解，很多学生仅仅停留在知识表面的概括水平，但还是不能脱离知识表面而形成知识抽象的概念，从而学生对知识的理解难免地存在片面性，对事物的本质不善于掌握。

在解题过程中，首先出现的问题就是审题障碍。这种障碍来源于学习过程中学生的思维处于低级别的层次，未能上升到具有全面关联、整合知识能力的关联层次，因而学生不能从原有的旧知识提炼用来吸纳新知识，使新旧内容融为一体并使新知识提升为旧知识储存下来。有审题障碍的学生在解决数学问题时，有时会因为忘记概念和公式，或者忘记各种公式定理成立的条件，或者在运用知识时新知识和旧知识的提取不能运用到相关联的题目上，或者学生对某一个知识点的记忆与另一个知识点的记忆相互混淆，或者疏忽某些题目的隐含条件，从而产生思维障碍。

审题的思维定式主要由灌输式的教学方式和不求甚解的学习方式造成的，有这些思维障碍的学生在解题时的表现总是差不多的，经常不顾最后总的目标而顾虑问题中狭隘的细节，难以从不同角度、不同方面思考问题；或者是已掌握的旧知识、技巧经验对于新知识的学习产生的负面作用和消极影响，难以形成合理、积极的疏通；或者是知识掌握能力的形成、学习过程中思维受到阻碍，思维受到干扰；或者在数学解题过程中因为无法获得具体形象的支持而造成的思维的错断。

（二）数学思维障碍的具体表现

1. 数学思维的肤浅性

由于学生在学习数学的过程中，对一些数学概念或数学原理没有深刻的理解，仅仅停留在表象的概括水平上，无法摆脱局部事实的片面性来把握事物的本质，由此学生数学思维产生了障碍。表现是：学生在分析和解决数学问题时，往往只顺着事物的发展过程思考问题，注重由因到果的思维习惯，不注重变换思维方式，缺乏探索解决问题的有效途径和方法。

2. 数学思维的差异性

由于每个学生的数学基础不同，其思维方式也各有特点，因此不同的学生对于同一数学问题的认识、感受也不会完全相同，从而导致学生对数学知识理解的偏颇。这样，学生在解决数学问题时，不大注意挖掘研究问题中的隐含条件，抓不住问题中的确定条件，从而影响问题的解决。

3. 数学思维定式的僵化性

由于初中生已有一定的独立思想和解题经验，因此，有的学生往往对自己的某些想法深信不疑，较难使其放弃陈旧的解题经验，其思维陷入僵化状态，不能根据新的情况做出灵活的反应。思维定式的突出表现是它的趋向性，即以较固定的思路考虑问题和解决问题，它有积极的一面，也有消极的一面。当思维定式的趋向与所要解决的问题途径相同时，就可产生积极有利的促进作用，当思维定式的趋向与所要解决的问题途径不尽相同时，就会产生消极的不利的干扰作用。

第五节 消除解题障碍形成的策略

一、解决问题障碍的方法

（一）加强数学基础知识教学

数学基础知识是正确解题的"钥匙"，因此在学习中要强化数学基础知识教学，例如要熟练掌握数学概念、性质、定理、公式、公理等培养学生基础知识串联的能力，帮助学生建立基础知识条件反射，同时要设置相应的数学问题来强化其数学基础知识。只有进行大量的重复性训练才能加强学生对基础的理解和记忆并帮助其灵活地应用基础知识。

（二）加强数学建模能力培养

数学建模是解决数学问题的工具，数学建模能力是衡量学生数学学习的标志之一。数学建模要求学生把实际数学问题进行归纳并构建相应的数学建模模型，然后再进行数学问题的解答，因此在加强数学建模能力的培养时要重视建模方法的基础教学，列出建模方法的具体步骤，同时要注重研究建模的应用范围，并用给定条件对数学建模进行相应的归纳简化。要在实际数学问题的背景下应用数学建模强化学生对建模方法的理解和应用。

（三）克服数学思维定式

数学思维定式是数学问题解决障碍的原因之一，因此在学习中要勇于突破思维定式，对数学问题进行反思，准确寻找到解题错误的原因并突破解题思维定式，从而树立正确的解题思维。

此外要通过举一反三的解题方式来锻炼学生的思维灵活性，培养自我的逆向思维方式，巧妙利用反证法、逆命题、公式逆用的数学思维培养自己的数学思维能力。

二、解决思维障碍的方法

（一）理解并尊重差异，激发并引导兴趣

学生数学思维能力的提高，必须经过长时间的数学思维锻炼来实现。教师必须了解每名学生的基础数学知识状况，尤其是在讲解新知识时，要严格根据学生认知的差异性来进行施教，以照顾到每名学生知识水平的特点，尊重学生的主观思想，促进学生的主动求知精神，培养学生坚强的意志；在此同时要培养学生学习数学的兴趣，兴趣是最好的老师，只有学生对数学学习有了浓厚兴趣，才能更大限度地预防学生数学思维障碍的产生。教师可以帮助学生进一步明确学习的目的性，针对不同学生的实际数学学习情况，因材施教，根据学生的差异性为其提出新的更高的奋斗目标，使学生在学习的阶段中有成就感，提高学生学好数学的信心。

（二）教师为主导，学生为主体，调动学习积极性

所有数学学习的主体都是学生，因此教师务必围绕学生展开教学，让学生主动学习，让学生成为数学学习的主人，让教师成为学生学习的领路人，在数学课堂上教师应该提出问题让学生自己去讨论，尽可能多地让学生表达自己的想法，通过学生间、师生间的交流，帮助学生活跃思想，开阔思路，分明因果，清楚逻辑，让学生在主动探索问题中去发现问题、解决问题，从而实现突破、创新。教师作为教学活动的组织引导者，重点任务是启蒙、引导、调节和控制，而这些都必须围绕学生进行。另外，教师可以通过师生访谈，实现师生知识能力的互补，促进师生感情上的沟通。对学生在课堂上的良好或者不好的表现，要适当给予鼓励，及时提醒。

三、数学学习的障碍及其消除法

（一）数学学习的障碍

初中生数学学习的心理障碍，是指影响、制约、阻碍初中生积极主动和持久有效地学习数学知识、训练创造性思维、发展智力、培养数学自学能力和自学习惯的一种心理状

态，亦是初中生在数学学习过程中因"困惑""曲解"或"误会"而产生的一种消极心理现象。其主要表现有以下几个方面。

1. 依赖心理

数学教学中，学生普遍对教师存有依赖心理，缺乏学习的主动钻研和创造精神。一是期望教师对数学问题进行归纳概括并分门别类地一一讲述，突出重点难点和关键；二是期望教师提供详尽的解题示范，习惯于一步一步地模仿硬套。事实上，大多数数学教师也乐于此道，课前不布置学生预习教材，上课不要求学生阅读教材，课后也不布置学生复习教材，习惯于一块黑板、一道例题和演算几道练习题。长此以往，学生的钻研精神被压抑，创造潜能遭扼杀，学习的积极性和主动性逐渐丧失。在这种情况下，学生就不可能产生"学习的高峰体验"和逐渐高涨的激励情绪，也不可能在学习中意识和感觉到自己的智慧力量，体验到创造的乐趣。

2. 急躁心理

急功近利，急于求成，盲目下笔，导致解题出错。

一是未弄清题意，未认真读题、审题，没弄清哪些是已知条件，哪些是未知条件，哪些是直接条件，哪些是间接条件，需要回答什么问题等；

二是未进行条件选择，没有从贮存的记忆材料中去提取题设问题所需的材料进行对比、筛选，就急于猜解题方案和盲目尝试解题；

三是被题设假象蒙蔽，未能采用多层次的抽象、概括、判断和准确的逻辑推理；

四是忽视对数学问题解题后的整体思考、回顾和反思，包括：该数学问题解题方案是否正确？是否最佳？是否可找出另外的方案？该方案有什么独到之处？能否推广和做到智能迁移等等

3. 定势心理

定势心理即人们分析问题、思考问题的思维定势。在较长时期的数学教学过程中，在教师习惯性教学程序影响下，学生形成一个比较稳固的习惯性思考和解答数学问题程序化、意向化、规律化的个性思维策略的连续系统—解决数学问题所遵循的某种思维格式和惯性。不可否认，这种解决数学问题的思维格式和思维惯性是数学知识的积累和解题经验、技能的汇聚，它一方面有利于学生按照一定的程序思考数学问题，比较顺利地求得一般同类数学问题的最终答案；另一方面这种定势思维的单一深化和习惯性增长又带来许多负面影响，如使学生的思维向固定模式方面发展，解题适应能力提高缓慢，分析问题和解决问题的能力得不到应有的提高等。

4. 偏重结论

偏重数学结论而忽视数学过程，这是数学教学过程中长期存在的问题。从学生方面来讲，同学间的相互交流也仅是对答案，比分数，很少见同学间有对数学问题过程的深层次讨论和对解题方法的创造性研究，至于思维变式、问题变式更难见有涉及。从教师方面来讲，也存在自觉不自觉地忽视数学问题的解决过程，忽视结论的形成过程，忽视解题方法的探索，对学生的评价也一般只看"结论"评分，很少顾及"数学过程"。从家长方面来讲，更是注重结论和分数，从不过问"过程"。教师、家长的这些做法无疑助长了初中生数学学习的偏重结论心理。发展下去的结果是，学生对定义、公式、定理、法则的来龙去脉不清楚，知识理解不透彻，不能从本质上认识数学问题，无法形成正确的概念，难以深刻领会结论，致使其智慧得不到启迪，思维的方法和习惯得不到训练和养成，观察、分析、综合等能力得不到提高。

此外，还有自卑心理、自谅心理、迷惘心理、厌学心理、封闭心理等等。这些心理障碍都不同程度地影响、制约、阻碍着初中生学习数学的积极性和主动性，使数学教学效益降低，教学质量得不到应有的提高。

（二）数学学习障碍的消除法

如何引导初中生克服数学学习的心理障碍，增强数学教学的吸引力？这是数学教法研究的重要课题。必须转变教学观念，从"应试教育"转到素质教育的轨道上来，坚持"四重、三到、八引导"，把握学生的心理状态，调动学生学习数学的积极性和创造性，使学生真正领悟和体会到学习数学的无穷乐趣，进而爱学、乐学、会学、学好。

1. 四重

"四重"，即重基础，重实际、重过程、重方法。

（1）重基础

就是教师要认真钻研大纲和教材，严格按照大纲提取知识点，突出重点和难点，让学生清楚教学内容的知识结构体系及其各自在结构体系中的地位和作用。

（2）重实际

一是指教师要深入调查研究，了解学生实际，包括学生学习、生活、家庭环境，兴趣爱好，特长优势，学习策略和水平等等；二是指数学教学内容要尽量联系生产生活实际；三是要加强实践，使学生在理论学习过程中初步体验到数学的实用价值。

（3）重过程

揭示数学过程，既是数学学科体系的要求也是人类认识规律的要求，同时也是培养学生能力的需要。从一定意义上讲，学生利用数学过程来学习方法和训练技能，较之掌握知识本身更具有重要的意义。一是要揭示数学问题的提出或产生过程；二是要揭示新旧知识的衔接、联系和区别；三是要揭示解决问题的思维过程和思维方法；四是要对解题思路、解题方法、解题规律进行概括和总结。总之，要"以启发诱导为主"，通过学生自己的活动来揭示获取数学知识的思维过程，进而达到发展学生能力的目的。

（4）重方法

数学方法是在数学活动中解决数学问题的具体途径、手段和方式的总称。所谓重方法，一是要重视教法研究，既要有利于学生接受理解，又不包办代替，让学生充分动脑、动口、动手，掌握数学知识，掌握数学过程，掌握解题方法；二是要重视学法指导，即重视数学方法教学。数学学法指导范围广泛，内容丰富，它包括指导学生阅读数学教材，审题答题，进行知识体系的概括总结，进行自我检查和自我评定，对解题过程和数学知识体系、技能训练进行回顾和反思，等等。

2. 三到

"三到"，即教师要做到心到、情到、人到。能够真正做到想学生所想，想学生所疑，想学生所难，想学生所错，想学生所忘，想学生所会，想学生所乐，从而以高度娴熟的教育技巧和机智，灵活自如、出神入化地带领学生在知识的海洋遨游，用自己的思路引导学生的思路，用自己的智慧启迪学生的智慧，用自己的情感激发学生的情感，用自己的意志调节学生的意志，用自己的个性影响学生的个性，用自己的心灵呼应学生的心灵，使师生心心相印，肝胆相照。课堂步入一个相容而微妙的世界，教学成为一种赏心悦目、最富有创造性、最激动人心的精神解放运动。

3. 八引导

"八引导"，即学科价值引导、爱心引导、兴趣引导、目标引导、竞赛引导、环境引导、榜样引导、方法引导。

（1）学科价值引导

就是要让学生明白数学的学科价值，懂得为什么要学习数学知识。一是要让学生明白数学的悠久历史；二是要让学生明白数学与各门学科的关系，特别是它在自然科学中的地位和作用；三是要让学生明白数学在工农业生产、现代化建设和现代科学技术中的地位和作用；四是要让学生明白当前的数学学习与自己以后的进一步学习和能力增长的关系，使其增强克服数学学习心理障碍的自觉性，主动积极地投入学习。

（2）爱心引导

关心学生、爱护学生、理解学生、尊重学生，帮助学生克服学习上的困难。特别是对于数学成绩较差的学生，教师更应主动关心他们，征询他们的意见，想方设法让他们体验到学数学的乐趣，向他们奉献一片挚诚的爱心。

（3）兴趣引导

一是问题激趣。问题具有相当难度，但并非高不可攀，经努力可以克服困难，但并非轻而易举，可以创造条件寻得解决问题的途径，但并非一蹴而就；二是情景激趣，把教学内容和学生实际结合起来、创设生动形象、直观典型的情景，激起学生的学习兴趣。此外，还有语言激趣、变式激趣、新异激趣、迁移激趣、活动激趣等等。

（4）目标引导

数学教师要有一个教学目标体系，包括班级目标、小组目标、优等生目标和后进生目标，面向全体学生，使优等生、中等生和后进生都有前进的目标和努力的方向。其目标要既有长期性的又有短期性的，既有总体性的又有阶段性的，既有现实性的又有超前性的。对于学生个体，特别是后进生和尖子生，要努力通过"暗示"和"个别交谈"使他们明确目标，给他们加油鼓劲。

（5）环境引导

加强校风、班风和学风建设，优化学习环境，开展"一帮一""互助互学"活动，加强家访，和家长经常保持联系，征求家长的意见和要求，使学生有一个关心互助、理解、鼓励的良好学习环境。

（6）榜样引导

数学教师要引导学生树立自己心中的榜样，一是要在教学中适度地介绍国内外著名的数学家，引导学生向他们学习；二是要引导学生向班级中刻苦学习的同学学习，充分发挥榜样的"近体效应"；三是教师以身示范，以人育人。

（7）竞争引导

开展各种竞赛活动，建立竞争机制，引导学生自觉抵制和排除不健康的心理因素，比、学、赶、帮争先进。

（8）方法引导

在数学知识教学、能力训练的同时，要进行数学思维方法、学习方法、解题方法等的指导。总之，初中生数学学习的心理障碍是多方面的，其消极作用是显而易见的，产生的原因也是复杂的。与此相应，引导初中生克服心理障碍的方法也应是多样的，没有固定模式。数学教师要不断加强教育理论的学习，及时准确地掌握学生的思维状况，改进教法，引导学生自觉消除数学学习的心理障碍，使他们真正成为学习数学的主人，让素质教育在数学教学这块园地中开出鲜艳的花朵，结出丰硕的果实。

第三章 初中数学空间想象能力的培养

第一节 空间想象能力的基本内涵

一、空间想象能力的含义

想象，可以有三种形式。①相似联想是指由某一事物或现象想到与它相似的其他事物或现象，进而产生某种新设想。②对比联想是指对于性质或特点相反的事物的联想，如由沙漠想到森林、由光明想到黑暗。对比联想能够反映出事物间共性和个性的和谐统一，事物在某一种共同特性中却又显示出比较大的差异，从而形成比较强烈的对比。③因果联想是指对逻辑上有因果关系的事物产生的联想。

多年来，立体几何一直是初中数学教学的难点。立体几何难在哪里呢？可以从教师与学生两个方面进行探讨。对于教师来说，难点在于课堂教学过程中由作图带来的繁杂和困难，许多内容单凭课堂上的讲解是说不清楚的；对于学生来说，难点在于空间想象能力，这也是立体几何难学的主要原因之一。学生从小学到初中，从平面几何进入立体几何，会感到很不适应。很多学生习惯用看待平面几何的眼光学习立体几何，看不懂直观图，不会根据题意画出对应的直观图。所以说，缺乏空间想象能力是学习立体几何的最大障碍。事实上，通过黑板和教科书呈现出来的立体图形，需要学生经历认识上的巨大跨越。平面几何中，学生看到的图形与研究的对象是一致的，都是平面图形；而立体几何在平面上看到的虽然是平面图形，却通过简单地将实线变为虚线后就要求学生将其想象成立体图形。例如，空间中的直角在直视图表示出来之后就是锐角或者钝角。所以，理解立体图形需要经历二维图形与三维图形之间的转化，这需要学生凭借想象在自己的头脑中重新进行创造。但是，这种将抽象了的二维图形想象成空间三维图形的能力，并不是学生从所熟悉的生活环境中获得的能力。所以，在立体几何教学过程中，空间概念和空间想象能力的获得，不能只靠教师的灌输，也不能单靠学生自己去感悟，而是要通过具体的情景让学生经历从空间具体事物抽象成空间几何图形，利用二维平面表示空间图形的过程，逐步帮助学生建立空间概念和培养空间想象能力。由于传统教学手段的限制，要创设上面的情境并非易事。

初中数学的空间想象能力主要是指学生对客观事物的空间形式进行观察、分析、抽象思考和创新的能力。在实际教学中，教师要尽力让学生将空间物体形态抽象为空间几何图形，能够从给定的立体图形中想象出实体形状及几何元素在空间的实际位置关系，能够用语言符号或式子进行表达，并对题目进行正确的理解与思考。

二、空间想象能力的主要内容

空间想象能力包括以下四个方面内容。

第一，学生熟悉基本的几何图形，包括平面图形及空间图形，能够找到这些图形的概念原型，能够正确画出实物，并用语言或数学符号表述的几何图形。

第二，学生能够对图形中基本元素之间的位置关系及度量关系进行分析，明确几何图形与实物空间形式的区别与联系。

第三，学生能够借助图形来反映并思考客观事物，能用数学语言表达空间形状和位置关系。

第四，学生能够对画出的图形或头脑中已经形成的图像进行分析、组合，从而对新的空间形象形成正确的判断，分析出这个新图像的性质。在立体几何教学中广泛采用直观教具（尤其是立体图）并进行空间想象能力的训练，可以发展学生空间想象的数学能力，但是培养学生的空间想象能力不只是立体几何的任务，也不只是几何的任务，而是其他各科都有的任务。

三、培养空间想象能力方法与途径

（一）通过丰富空间经验培养空间想象力

对于初学几何的学生来说，最重要的一个观念转变就是要由代数思维转向几何思维。这个转变在两方面给初学者造成困难：一是研究对象由数转变为形，学生要由对符号信息的操作转变为对图形信息的操作；二是思维方法由以计算为主转变为以推理论证为主，学生要由对事物间的数量化分析转向对其空间形式的定性分析上来。

对于几何初学者而言，培养他们空间想象力的一个有效途径就是在学习几何概念的同时，丰富他们的空间经验，扩充他们的空间词汇，使之对几何概念的理解有一定的基础。因为在本质上几何学像其他任何实验科学一样，其本身也起源于人类社会生活实际的需要，所以几何学习必须要建立在现实空间的经验基础上。

（二）通过推理语言的学习培养空间想象力

几何语言经常使用推理语言。在几何的学习过程中，它要求学生学习与掌握它们的使用方法，尤其是各种变式的等价。例如："点 A 在直线上"等价于"直线通过 A 点"；"两条直线互相垂直"等价于"两条直线所成的角是 90°"等等。在实际教学中，有些学生对几何学中的一些词语理解不透。例如：有许多学生对"三个平面两两相交"中的"两两相交"的含义不明白；"经过两条相交直线，有且只有一个平面"中的"有且只有"理解不了，等等。特别地，在几何学习中，教师经常要把一些几何语言转变为数学表达式来证明。因此，学生若能比较好地运用推理语言，对于他们培养和提高自己的空间想象力一定会大有裨益。

（三）通过培养数学思维品质培养空间想象力

学生空间想象能力的发展，与其数学思维品质的完善程度紧密相联。可以说，培养学生的数学思维品质是提高学生空间想象能力的突破点。

在学习几何的过程中，如果没有思维的深刻性，就不可能准确地解释图形信息、正确地进行推理、判断；没有思维的灵活性与敏捷性，就不可能对非图形信息与视觉信息进行灵活的转换与操作，无法想象运动变化的空间。在实际教学中，教师不应该为培养空间想象力而培养空间想象力，而应多方面分析空间想象力的本质要素，充分利用数学思维品质培养这一杠杆，有效地培养学生的数学空间想象能力。

（四）通过合理使用模型培养空间想象力

恰当地运用模型，是顺利地进入立体几何之门的有用钥匙，是培养空间想象力的前提。这里所说的模型，并不仅指教学使用的立体几何教具，而主要是指学生人人都有的桌面、书本、手掌（代表平面），笔、手指（代表直线），还有打开的书本（可代表二面角）、教室的墙角（可代表相交于一点的三条直线或三个平面）、粉笔盒（正方体）等等。善用这些现成的模型，可以使许多问题变得比较直观，容易解决。如："一个二面角的两个面与另一个二面角的两个面分别垂直，这两个二面角的大小关系是什么？"此题仅靠空间想象是很难得出结果的，作图也较难，且作出的图形是不会运动的（而模型是可以运动的），要画出各种情况图形，既费时，图形也难画，另外学生往往还会依据平面几何中的一个类似的结论而去习惯性思维，得出"相等或互补"的错误结果，其实此题只需用两本打开的书本比划一下，结论很快就可以得到（两个角没有任何关系）。这一教法，融知识

性和趣味性于一体，形象、直观，提高了学生的学习兴趣，培养了他们的空间想象力。

（五）通过多媒体辅助教学培养空间想象力

现代教学论的思想核心是确认教师在教学中的主导地位的同时，认定学生在学习活动中的主体地位。因此教学的最终目的是启发和调动学生的主动性、积极性，让学生"会学"。例如，在多媒体教学的尝试中，为了打破传统教学中的"老师讲，学生听"的习惯，将课上的习题"从一个正方体中，如图那样截去四个三棱锥后，得到一个正三棱锥，求它的体积是正方体体积的几分之几？"根据题意设计成动画情景。一个正方体依次被切去了四个角，把切去的部分放到屏幕的四角，中间剩下一个三棱锥，求三棱锥的体积。学生根据画面的演示，立即想到剩余部分是由整体减去切掉的。有了思路后，再从画面中清晰地推导出每个角的体积是整体的 $1/6$，进而得出所求体积为整体的 $1/3$。这样，通过画面的演示，不需教师讲解，学生自己就可以找到求解方法，同时在无形中树立了间接求体积的概念。通过多媒体教学，可以发现它具有不可比拟的优越性。其一，多媒体教学使课上教学省力。它能直观、生动、形象地进行教学，有利于引起学生的注意力，充分调动学生的积极性，并且使教师的板书量大大减少。其二，多媒体教学增大了课容量，加强了知识间的连贯性。由于多媒体教学直观、生动、形象地突出了教学重点，浅化了教学难点，使学生理解知识的进度加快，并且节省了教师反复讲解的时间，节省了课时，相对增大了课容量，突出了各部分知识的连贯性，取得较好的教学效果。

想象力比知识更重要，因为知识是有限的，而想象力概括着世界上的一切、推动着进步，并且是知识进化的源泉。总之，教师应当在数学教学活动中重视学生想象力的培养，要充分挖掘一切可以调动学生思维活跃的因素，通过多种途径，培育学生的想象力。

第二节　数学的形象思维和想象思维

一、数学的形象思维

（一）几何思维

几何思维是最直接的形象思维，可以提高学生的几何思维，帮助他们提高空间想象能力。二维平面或三维几何虽然已经经过抽象思维的初步加工，具有一定程度的理想化性质，但是它的直观图和特点是十分鲜明的，人们看到几何体，就能够直接联想到现实中的各种事物。例如，人们看到球体的立体图，就会想到生活中球状的实物。人们可以利用几何思维来感受具体与抽象之间的关系，并且可以了解数学抽象的形式化特点，为自己的数学学习积累经验。由日常思维过渡到形式思维，中间最自然的是通过几何思维。事实上，现在的初中数学教育并不重视对学生的几何思维的培养，只注重几何知识的传授，这就让学生的形象思维受到了限制，无法很好地培养和发展学生的空间想象能力，让学生对几何体的学习，出现了"欲速则不达"的现象。这些都反映了几何思维对于空间想象能力的重要性，也反映了它在数学认识活动中的必要性。

（二）类几何思维

类几何思维在这里是指学生可以对几何空间关系进行想象的较为简洁的形象思维。这类思维不具备几何思维那样具体和直观的效果，但是可以形成与之类似的比较间接、朦胧的形象。例如，非欧几何的空间关系，可以运用类几何思维进行想象与思考，可以从不同角度定义"点""直线""平面"等概念。类几何思维是直观几何思维的变形，它需要一定的抽象性，需要适当摆脱感性直观的局限性。为了准确把握抽象几何空间的特性，可以采用一些看起来很极端的做法，以此来摆脱感性直观的干扰。例如，通过几何解析的方法，把抽象几何空间问题转化为代数和分析的问题，这对于抵制感性思维是很有帮助的。但是，如果过于强调这方面的内容，在某些时候，就会束缚类几何思维的发展。所以，教师要把类几何思维中的几何方面与代数、分析方面恰当地结合起来，让它们彼此之间可以相互促进，相互推动。

类几何思维在数学发展中经常起着至关重要的作用，它是几何学与其他数学分支在思想方法上相互渗透的中间环节。非欧几何和欧氏几何模型的发现，就是借助了类几何思维的力量。

（三）数觉

数觉就是学生对各种数量关系进行形象化的感觉。数觉是非常抽象的，也是十分朦胧的，很多时候，数觉会直接进入直觉的状态，具有很神秘的色彩。但是，它可以让人们更加有效率地把握各个数学量之间的有机关系，辨认出其中的重要性质，把数学方法从一个领域过渡到另一个领域。数觉的丰富与敏感程度是数学家思维能力的标志之一。有些数学家往往凭借数觉就能够想象出普通人无法想象到的数学之间的联系。

（四）数学观念的直觉

数学的直觉就是对各种数学观念的性质、相互联系，以及重新组合过程的形象化的感觉，数学直觉是无法完全用逻辑语言叙述清楚的，但对数学的创造性思维活动发挥着重要的作用。数学观念的直觉很难用任何语言来形容得清楚、明白。数学中的创造性思维实际上就是数学"观念原子"的重新组合，这个过程具有一定的偶然性，新的组合也需要多次的偶然组合才能创造与发明。

（五）数学形象思维的基本特点

1. 形象性

数学形象性思维是数学形象思维最基本的特点。形象只是相对于一般人对对象认识而形成的一种感知，是很直观的，具有直观的特点。数学形象思维所反映的对象是事物的形象，思维形式是意象、直感、想象等形象的观念，其表达的工具和手段是能为感官所感知的图形、图像、图式和形象性的符号。

2. 非逻辑性

数学形象思维不像抽象思维那样，对已知条件进行一步一步很严密的加工、推理，是一个很严谨的过程，任何一步都不能少或改变顺序，而是应用数学表象为材料，经过自由组合、分解而形成新的形象，或由一个形象跳跃到另一个形象。它对信息的加工过程不是很严谨的，也不是顺序的加工，而是平行加工，是根据表象的组合、分解变化出来的新形象。它可以使人脑思维迅速从整体上把握住问题。

3. 概括性

数学形象思维对问题解决的反映是表面上的反映，是具有概括性的形象，对问题解决的把握是大体上的把握。数学形象思维活动过程只是对表象组合、分解、加工，是具有概括性的形象。同时，形象思维活动过程本身也是概括的，但这种概括是形象地进行的，它是一种形象性的理性认识、判别活动。但是人们在进行数学形象思维时常常离不开数学抽象思维，在实际的思维活动中，往往需要将数学抽象思维与数学形象思维巧妙结合，协同使用才能更好、更快、更准、更有效的解决问题。

4. 想象性

数学想象是思维人脑运用已有的形象形成新形象的过程。数学形象思维并不满足于对已有形象的再现，它没有严格的规则，不受逻辑思维规则的约束，更致力于追求对已有形象的自由分解、组合、加工，而获得新形象关系、概念的输出。所以，想象性使数学形象思维具有变化性需要数学抽象思维的修正、补充从而上升为创造性思维。

二、数学想象的作用

初中生在进行几何学习时，要充分发挥数学想象的作用，数学想象对于提高初中生的空间想象能力起着很大的作用。从生理的角度看，数学想象可以大致分为视觉想象、听觉想象和触觉想象三个基本的类型，每一个类型的想象都包含着很多方面，对于提高学生的空间想象能力有不同的意义。

视觉想象是人们比较熟悉的想象活动，特别是对欧氏几何图形的想象。几何图形的视觉想象让许多初中生都认为其学习难度很高，因为几何思维的视觉想象要求学生对几何图形中的辅助线与辅助面加以应用。辅助线是要靠学生自己的想象来进行添加的。学生在添加前，必须要在头脑中想象出这条辅助线的位置，并且要思考如果添加了这条辅助线，对解答这个几何题有什么作用和意义，它对于几何解析是否有价值。想象力的丰富与否可以帮助学生看出这个图形中有没有实际上应该有的线段或者其他几何因素。

在类几何思维中，视觉想象需要借助逻辑思维填补直觉上的缺憾，才能形成完整的图像。俄罗斯数学家罗巴切夫斯基把非欧几何称为"想象几何"，认为在观测不足的情况下，应当凭借理智设想，想象几何可适用于被观测到的世界之外及分子引力范围之内。

三、数学想象的方法

（一）必要的知识基础

想象虽然超越了现实，甚至对现实进行扭曲和变形，但是想象需要有一个支撑点，它是在这个支撑点上形成和发展的，这个支撑点就是必要的知识基础。如果学生在进行想象时，没有足够的知识基础，那么这个想象就缺乏素材，就会变得十分贫乏，是没有价值的想象。没有知识基础的想象成果是不存在的。

（二）较强的形象思维能力

学生的数学形象思维能力是经过长期的训练才得到的结果，它激励着想象力的发展。数学形象思维能力可以分为若干层次，由浅到深，由易入难，形象思维能力层次的高低，决定了想象力所能达到的范围与效果。

（三）适合的心理状态

数学想象需要的具体心理状态，是根据不同的学生来决定的，是因人而异的。有些人在思考与想象时，喜欢在一个安静的空间内进行，他们不能被打扰，外界的干扰很可能让他们中断想象，让想象无法继续进行。而有些人在进行想象时，需要与其他人一起进行，在讨论中激励想象力。

例如，有一些数学家在进行想象时，需要激烈的争吵，也就是人们常常说到的"头脑风暴"。教师可以在数学课堂中把学生进行分组，让学生们根据一些数学问题进行"头脑风暴"式的讨论，让学生彼此之间相互启发，以此来激励每个成员的想象力。

（四）自由想象的思维习惯

这个过程需要长期的思维训练，在学生经历了深刻的体验之后，才能够逐步形成。数学思维中有很多抽象化、形式化、公理化的内容，严格的推理和机械的演算也比较多，所以自由想象的思维习惯是很难养成的。再加上初中生的思维是受到限制的，这就为初中生养成自由想象的思维习惯增加了障碍。学生在自由想象时，还会受到很多阻碍，如学生产生与其他学生，甚至与教师不一样的思维时，可能会害怕自己的思维与别人的不一致，尤其是在与教师的思维观点不一样时，会觉得"教师一定是对的"，从而取消了自己的想象。因此，自由想象的思维习惯需要学生有坚持下去的决心和毅力。

第三节　教师在学生的空间想象能力方面应采取的教学策略

一、合理利用模型进行讲解，加强学生的直观感受

学生在形成数学概念的初始阶段，需要借助感觉，先把对具体事物的观察和接触转化成与具体事物无关的感性认识，再把感性认识转化为抽象、概括的理性认识。在立体几何的学习中，学生所获得的空间信息主要来源于实物（模型）、几何图形、语言描述及这些信息之间的相互转化。

空间观念可以通过实物和模型，让它变得形象化。实物包括我们在生活中能见到的所有物体，如汽车、桌子。模型是指为了用来学习、教学或实验而依照实物的形状和结构按比例制成的物体，如圆锥体、正四面体。学生可以通过眼看、手摸、脑想，直观地看清各

种"线线""线面""面面"关系及其所成的角和距离，还可以构造出空间基本元素位置关系的各种图形，并进行变化训练，以此来提高初中生的形象思维能力。

人们认识事物的本质和特点及其规律，总是从具体到抽象，从感性到理性的。在学生对立体几何进行学习的初始阶段，教师在对相关知识进行讲解时，可以利用适当的模型或教学工具在课堂上为学生演示，也可以利用多媒体投影对平面图形是如何在大脑中转化为立体几何的过程进行演练，让学生可以直观地感受变化的过程，增加对立体几何图形的理解。学生可以通过这些教学活动加深对空间几何体特征的认识，逐步形成空间观念，并使空间形式在头脑中变得具体化与形象化。教师对模型或教学工具的适当运用，可以帮助学生获得更加生动形象的印象，使平面的图形有了立体感与真实感，这也是培养和提高学生空间想象能力不可缺少的途径。离开实物和模型，空间观念就很难建立，也很难向高层次发展。例如，在学习关于空间的两条直线时，教师可以利用任意的两根棍状物体，进行不同位置的摆放，以此来帮助学生对两条直线在空间位置的关系进行区别，让学生可以通过简单直接的观察来思考，两条直线摆放位置的不同，会让这两根棍状物体的关系产生什么样的变化。对于正方体或长方体的讲解，教师可以直接利用教室来进行讲解，因为教室是学生日常接触最多的空间立体。再例如，教师可以让学生直接观察棱锥体的相关模型，让学生对棱锥体的整体印象有一个直观的感应。在此基础上，教师可以鼓励学生通过观察棱锥这个实物形成的相关概念，画出棱锥的直观图，让棱锥的立体图深深地烙印在学生的脑海中，以后只要一提到或者一看到棱锥的相关字眼，就可以想到这个图形。利用模型或教学工具来对立体几何进行讲解，会大大增强学生对于这些几何体的直观感受，对于培养学生的空间想象能力也会起着很大的促进作用。

二、学生要掌握画图技巧，强化空间想象能力

空间观念是形象思维与逻辑思维交替作用的过程，表达这种思维最好的语言，就是几何语言，也就是几何图形，实现由实物和模型到图形的过渡。学生要想培养出空间想象能力，就必须摆脱对直观平面图形的依赖，这就要求学生可以掌握灵活画图技巧，所以教师在日常教学中，要对学生进行画图训练。立体几何是研究空间图形的，学生想要真正学好关于立体几何的知识，就要克服平面几何的思维限制，在看到图形的时候，应在大脑中对这个图形的空间形状有一个大致的印象。几何图形是一种视觉符号，与表象的形成密切相关。因此，当学生逐步摆脱直观模型的制约，转而对图形进行认知时，应适当增加关于图形运动变化的训练，让学生可以对图形的变式与运动过程有一个本质的认识，克服图形所带来的思维障碍。教师应该按照作图的法则，为学生做出示范，这样可以帮助学生掌握作

图的方法和要领。同时，画图的顺序应该是由易到难、循序渐进的，所以教师可以先训练初中生平面图形直观图的画图能力，然后再训练空间几何的直观图、三视图和展开图的画图能力。画好图后，教师还可以把图形与实物模型做出对比，然后再根据直观图形的实际形状，逐步实现摆脱模型的目的。所以说，加强作图训练，是把实物几何化和培养学生空间想象能力的一个非常有效的途径。

立体几何的研究对象是空间图形。为了方便研究，我们需要把空间图形画在纸上或黑板上，纸和黑板的表面可以看作是平面，学生需要学习空间图形直观图的画法。画直观图的目的是为了解决对立体图形的理解和认识的问题，加强对立体图形的性质理解，借助图形推理论证，并以此培养学生的学习兴趣和良好的解题习惯。在教学的全过程中要有步骤地指导学生掌握绘制直观图的一般方法，有计划地提高学生的绘图能力。例如，画出三个平面把空间分成几部分的各种图形。实践证明，较好的图形及作图艺术能激发学生对空间图形的热爱和逻辑推理论证的追求，还可以促使他们进一步掌握几何图形的本质特征，达到图形与推理相互渗透、相互促进的理想效果。所以，对于立体几何的学习来说，良好的画图技能可以完整地还原脑海中的构思。因此，教师在日常教学中，要对学生进行关于直观图的画法与技巧的指导，并且要对学生强调画图的重要性，让学生能够明白，画图是立体几何学习中的一个重要的方法与技巧，对于二维平面转化为三维立体，有着重要的作用。教师不仅要对画图的方法与技巧进行理论指导，还要鼓励学生在实际学习中独立操作，加强学生的画图训练，在画图技能得到提高的同时，强化学生的空间想象能力。

画图也是有层次的。第一，教师要训练学生平面图形以及空间几何体的直观图的画图能力。在学生完成画图活动后，可以对直观图与实体模型进行一个现场对比，让学生可以根据直观图像想象出这个物体的实际形状。这种做法对提高学生的空间想象能力，逐步摆脱学习几何体依赖模型的问题，有着显著的积极作用。第二，教师再让学生利用数学语言描述所画出的图形。在画图训练中，教师不仅要让学生可以画出图形，还要对图的立体感有所要求。例如，教师可以选择一些比较有代表性的图片，让学生对这些图片进行对比分析，找出哪些图片的立体性最强烈，在这个过程中，自然而然地加强学生的空间想象能力。

几何问题中给出的几何图形，常由数学表达的基本概念、定理的基本图形经过组合、分解、交错、叠加形成的，这样的图形容易干扰对几何对象的感知。在日常教学中，教师可以在板书时利用彩色的粉笔，从背景图形中勾画出几何图像，让学生分析图形分解与组合的联系。在立体几何中，图形的分解与组合的练习形式非常多，常见的形式有平移旋转、对称变换、简单的图形向复杂图形的演变等。

平面图形能够真实地表明基本元素间的位置关系和数量关系，学生要通过观察图形获取有用的信息。但在三维立体空间中，基本元素间的关系变得非常复杂，三维空间形体的位置关系与数量关系是通过平面上的直观图来进行表示的。人们对于实物的视觉形象与图形无法形成完全一致，人与人对于实物形象的视觉反映也存在着一定的差异，这些因素都为学生准确捕捉到直观图的信息增加了困难。所以在实际教学中，教师要注意对平面几何概念与空间概念、平面图形与空间图形进行对比与类比，让学生可以掌握空间基本图形的性质与演变，从而能够进行理性的思考，有效提高学生的空间想象能力，帮助学生更好地掌握立体几何方面的知识。

三、灵活运用现代信息技术，激发学生的学习兴趣

立体几何具有强烈的抽象性与复杂性，如果教师在课堂上单纯地依靠平面图像来进行演示，对于学生来说是十分枯燥乏味的，教师可以在课堂中利用现代信息技术来对学生的空间想象能力进行训练。初中生正处于对未来和现代科技都充满好奇心的年龄，如果教师可以在课堂上利用现代信息技术（如多媒体投影仪）针对立体几何设计电脑动画，就可以清晰地向学生反映三维图形的构造，引起学生的注意，激发他们对空间想象能力训练的兴趣，从而帮助他们更好地学习立体几何知识，提高数学能力与成绩。

四、让学生自行准备常见的几何体模型

教师在进行立体几何的教学时，可以让学生根据自己的实际情况与兴趣，自己准备与教学内容有关的几何体模型，如在进行圆柱体学习时，学生可以自己准备罐头、饮料等圆柱体的实物作为学习工具来使用。学生可以通过对比图像和实物，来对几何结构加深认识。

例如，在教初一数学"几何体"部分时，教师可以鼓励学生深入到生活中去寻找或制作教材中的几何体并带到课堂上来。在寻找的过程中，学生便对几何图像有了感性的认识。在教"生活中的立体图形"时，教师可以通过对教具的使用，使学生理解、接受立体图形，再由学生画出正确的三视图。当学生寻找、制作的东西成为课堂上的教具时，学生的学习兴趣得到了大大提高，教学效果远比教师用现成的教具要好得多。又如"正方体的表面展开"这一问题的答案便有多种可能性。此时，教师应给学生提供一个展示和发挥的空间，让学生自己制作一个正方体纸盒，再用剪刀沿棱剪开，展成平面，用这种方式让学生去探索更多的可能性。这样的教学方法，不仅充分调动了学生的积极性，还增强了学生的自信心，课堂上学生积极主动、兴趣盎然，无形中营造了一个活泼热烈、充满生命活力的教学氛围。

五、加强对基础知识的教学

初中数学教材中的基础知识可以分为两个方面：基本概念和基本规律。数学中的基础知识是数学知识的基石，只有学好基础知识，在进一步学习数学时，才不会感到困难重重。概念是反映对象一般属性和本质属性的思维形式，教师一定要在教学中注重对概念的讲解，概念理解得不清楚，会给学生的学习带来很多障碍。在课堂上讲解关于定理的知识时，一定要让学生分辨清楚哪些条件与信息是已知的，哪些条件与信息是需要证明才能得到的，从而明确学习目标。在证明定理时，一定要让学生做到有据可依、有理可循，每一个步骤都要有公式或者法则的支撑，不可以想当然地进行论证，也不能根据学生自己的直观反映来得出结论。在传授立体几何定理的相关知识时，要注意的一点是，在教学中，教师不仅要把定理的证明过程教给学生，还要把这个定理是如何证明的、应该如何分析教给学生，也就是教给学生问题的思考方式。学好基础知识，是一个逐步的、渐进的过程，对于学生形成空间观念、发展空间想象能力有很大的帮助，也是学生形成和发展空间想象能力的一个必经阶段。

六、合理利用数形结合思想方法

数形结合思想方法的本质就是要求将表达空间形状、大小、位置关系的语言或式子与它的具体形状、位置关系结合起来，在"数"与"形"之间建立一种对应关系。这种对应关系的建立蕴含了抽象的思维活动，需要一定的空间想象能力才能完成。空间想象能力的基础是空间观念，而空间观念是建立在学生对现实世界的直观感知与认识的基础上的。因此，教师在数学教学中，要加强几何教学与实际生活之间的联系，帮助学生把具体的空间现实与抽象的几何概念结合起来并实现统一，以培养和发展学生的空间观念。在实际教学过程中，教师要把现实生活中的实例融到几何概念、探讨几何图形性质的教学中，同时，也要给学生自己亲手操纵、亲自体验的机会，让学生可以参与到数学学习中去，以此来形成和发展学生的空间观念。

由"形"到"数"是要求，由"数"到"数"是追求。初中阶段的学生要适应"数"转化为"形""数"转化为"数"的抽象思维，因为在对"数"与"形"的知识有了一定的积累后，他们的几何直观图形的感知力与逻辑思维能力都会得到一定的锻炼与提升。学生在解题时，不一定每次都要把那些比较简单的图形画出来。如果学生可以通过大脑中的图形，利用数量关系式对其进行解答，这是最好不过的事情，因为这是提高学生空间想象能力的最高追求。教师在培养学生空间想象能力的教学过程中，一定要注意充分利用数形结合的方法，对数学进行数学语言、数学表达式与图形之间的互译训练，以此来达到对学生空间想象能力培养的目标。数形结合的教学方法可以培养学生的空间观念和数感，还可以帮助学生对形象思维与抽象思维进行切换运用，这是多种思维互相促进并实现和谐发展的主要形式。

七、利用直觉思维能力

几何直觉能力能把抽象的问题形象化，是空间想象能力的最高要求，也是空间想象能力发展的最高层次，这是空间观念、意识、想象力在处理数学问题时的迁移与运用。因此，几何直觉能力的训练应该贯穿于整个初中数学训练，从始至终都不应该间断。由此可见，在数学学习中，几何的视觉化、形象化的能力在促进学生理解、记忆和运用数学知识方面有很大的意义，在学生提出数学问题并解决数学问题方面，依然有很大的作用。因此，人们常常把几何直觉看作是培养学生创新能力的基础内容，这在教学中的重要性不言而喻。

空间想象能力是数学能力的一个重要组成部分。培养学生的空间想象能力在整个初中教学任务中占据着重要的地位，它是初中数学教学目标的基本任务。空间想象能力是学生运用数学知识来分析并解决实际生活中的问题的重要保障。在立体几何教学中，教师要从学生的实际空间想象能力水平出发，有目的、有计划、有要求、有反馈地进行，切不可一蹴而就；教学内容要从简到难，从浅到深，循序渐进，有条不紊地进行教学。教师可以运用直观的手段，通过展示模型或其他的课件来吸引学生的注意力，引导学生对这些几何体进行观察与分析。然后，教师再引导学生从这个几何体的不同角度进行画图活动，借助这些图形来完成对几何体所包含的定理的推理与论证，让学生可以逐步形成空间观念，从而有意识地培养学生的空间想象能力与逻辑思维能力，并且使学生更好地处理这两种能力之间的关系。

八、做好新旧知识的衔接工作

初一数学教师应该在学生进入初中的初始阶段，就通过介绍、摸底测验、与学生促膝面谈等方式了解学生掌握知识的程度和学生的学习习惯，了解学生在小学阶段形成的知识体系。同时，教师要把立足点放在初中的教学大纲和数学教材上面，分析初中一年级第一学期的内容，从各种角度对那些比较难理解和难掌握的知识点（如解析几何、映射、函数）的内容、特点、方法等进行详细地讲述，并把学生理解的盲点考虑进去，让学生做好小学与初中知识的衔接。这个教学方法主要是针对初中的平面图形和立体几何的知识。在初中阶段，基本上是在初中二年级才会让学生系统、规范地学习立体几何知识。数学知识点之间的联系是十分紧密的，所以教师一定要帮助学生做好二维平面到三维空间的转化，帮助学生可以更好地学习立体几何知识，提高学生的空间想象能力。

培养学生的空间想象能力是为了提高学生的整体数学素养，所以教师在进行教学时，一定要制订一个完整、可行的计划，以此来完成培养学生空间想象能力的教学任务。

八、让学生主动学习

"兴趣是最好的教师"，教师可以激发初中生对于空间想象训练的兴趣，让学生可以更好地学习立体几何的知识，提高空间想象能力。以下将通过一个真实的例子来了解兴趣对数学学习起到的作用。著名生物学家达尔文小时候很普通，但是由于他对大自然十分热爱，并且对于大自然的学习有无限的热情，所以写出了《物种起源》等对人类有重大贡献的著作。所以说，如果学生对数学产生了浓厚的兴趣，他就会主动并且十分积极地去学习，并且可以在学习的过程中高度集中自己的注意力，在这种精神状态下学习，效果往往是事半功倍的。教师在讲授立体几何这门课程时，要了解学生的感受，如教师感觉自己已经讲得很清楚了，但是学生往往还感觉很茫然，尤其是对于画图这部分内容，更是感觉无从下手。所以教师在日常数学教学中，一定要注意充分调动学生的兴趣与好奇心，让学生在课堂上占据主体地位，主动积极地进行数学学习活动，且可以主动思考问题。教师可以在讲授每一个课堂小节之前，根据这堂课的教学目的设计一个符合教学任务的问题，让学生带着这个问题去学习。初中生为了一个目标而开展的学习活动，往往会使学生有更加浓厚的好奇心，能更有效地激发学生的学习兴趣。

在数学教学过程中，教师要有计划地扩大学生的知识面，所以可以在课堂中增加一些教材中没有的内容，让学生可以在自己已经形成的知识体系的基础上，不断汲取新的知识养分，让学生感觉自己真正学到了一些知识，这样才能够顺利培养出学生的数学学习兴趣。在教学中，教师可以根据教学目标与数学内容，提出符合教学内容与学生数学水平的问题，然后让学生进行回答。这样学生就可以参与到教学活动中，教师也可以通过启发式的提问来让学生进行积极的思考，从而达到激发学生数学学习兴趣的目标，获得更好的教学成果。例如，在学习立体几何中三视图的内容时，教师可以利用数学模型，让学生从不同的角度来对其进行观察与分析，然后再简单画出这个物体的三视图。这样不仅可以锻炼学生的空间想象能力，还可以让学生从实践活动中获得学习数学的乐趣。

教案是以教师的"教"为主要教学活动，强调的是"教"，属于"师本教育"；学案是从"学"入手，强调的是"学"，属于"生本教育"。新课改强调要使学生成为学习的主人公，他们应该掌握学习的主动权。高效课堂也更加注重学生的学，教师只是学习的引导者和参与者。因此，初中数学教师可以使用学案代替教案，根据学生的实际情况来制订具有针对性的教学计划，使数学课堂成为能够真正为学生解难答疑的课堂，从而使初中生不断提高自己的数学学科素养，进而有效培养学生的数学学科能力。

十、改善教学方法

根据学生学习的方式，可以把学习分为接受学习和发现学习；根据学习的内容，把学习分为机械学习和有意义学习。接受学习是教师引导学生接受事物意义的学习，"教师讲授，学生接受"是课堂学习的主要形式；发现学习是在教师不对教学内容进行讲述的前提下，学生依靠自己的能力去寻求新知识的解决方法，从而获得新知识的一种学习方式；机械学习不是对学习内容进行理解，而是对其进行反复背诵的学习，也就是说，只是机械地记忆学习材料；有意义学习是使用符号所代表的新知识和学习者认知结构中已有的适当的概念，建立起非人为的实质性关系。

有意义的学习需要具备两个条件：①学生要具有有意义学习的意向，即要有把新知识和认知结构中原有的适当的观念联系起来的意向；②学习材料对学习具有潜在意义，即学习材料具有逻辑意义，并且可以和学生的认知结构中的有关概念联系在一起。在传统教材中，从点、线、面的知识开始，然后才讲解组合体等内容，这与学生的认知结构是不一致的。教师在讲授制图过程的时候，要根据学生的认知结构来进行教学，把书本上的知识和学生的认知结构联系起来。例如，教师在讲解关于点、线、面的新知识时，可以先引入二维几何的概念，在对三维几何讲解的基础上，从三维几何延伸到平面图形，然后再延伸到关于点的知识的讲解。也就是说，教师可以以立体几何为教学大纲来进行讲授，讲解的重点也可以以立体几何为中心来开展，使得新知识与学生已有的知识结构联系起来，然后再对学生的画图、识图能力进行训练。总而言之，教师可以结合学生的心理需求，综合改进自己的教学方法，让学生可以更加适应数学学习，更容易获得数学的成就感。

学习是一个由"不知"到"知"，从"知之甚少"到"知之甚多、甚广乃至甚深"的过程。因此，在立体几何教学中，教师应尽量出示直观模型，通过展示模型和教师制作的几何课件，引导学生进行观察，进而在观察的基础上引导学生从不同的角度来作图，并借助图形进行推理论证，帮助学生逐步形成空间概念，有意识地培养初中生的空间想象能力及逻辑思维能力。

为了兼顾不同学生的不同数学学习需要，分层教学法成为现代人们关注的重点教学方法。由于这种教学方法是为了让每个初中生都能够获得发展，所以深受广大初中生的喜爱。

第四章　初中数学逻辑思维能力的培养

第一节　数学抽象思维能力

一、数学抽象思维能力概述

逻辑思维是指正确的、合理思考的能力，即对事物进行观察、比较、分析、综合、抽象、概括、判断、推理的能力。逻辑思维能力是初中生学习数学的主要能力之一。在初中数学教学中，培养学生的逻辑思维能力是主要的目标与重点任务之一。网络中给出的逻辑思维的定义是：人们在认识事物的过程中借助概念、判断、推理等思维形式能动地反映客观现实的理性认识过程，又称抽象思维。

数学是抽象的，抽象贯穿于数学的始终，思维也存在于数学的形成与发展的全过程，所以抽象思维也是数学思维中的一个重要组成部分。

抽象思维在数学的证明过程中发挥着重要的作用。在学习过程中，可以发现，在证明某些数学定理或法则的过程中，会遇到很多困难，有些困难通过逻辑思维的作用是可以克服的，有些困难则难以跨越。人们无法解决这些困难的原因就在于没有充分发挥抽象思维的作用，对于抽象思维的认识没有达到比较深入的程度。抽象思维，就一般情况而言，是有助于数学证明的。但是，要注意把握抽象思维的尺度。抽象来自于具体，要想理解抽象的数学证明，就需要人们的头脑中有关于感性或思维的具体认识。数学抽象思维无论在什么阶段，都是弱抽象与强抽象相互作用。抽象思维的发展有其内在的规律性，人们应遵循它的规律来进行学习。

抽象思维在数学推广中起着很大的作用。在数学发展史中，抽象与推广这两个词的使用是相互交替的。教师要注重培养学生的抽象思维，才可以更好地实现数学知识的传授，帮助学生更加轻松地学习数学。

抽象思维不仅涉及数学对象的创造，还影响着数学方法的使用。这里讲到的数学方法，是指对数学对象的处理方法，包括数学分析、证明和推广等。

分析方法，就是通过分析抓住问题的本质，把问题转化为形式，达到化简为易、化繁为简的目的。如果遇到更为复杂的问题，还需要增加把已经转换后的问题进行分解，将其分解成为各个组成部分或分解成为若干可能的步骤，然后再把每个部分的问题进行解决，以此来达到解决全部问题的目的。在数学的分析过程中使用抽象思维，可以帮助学生快速抓住问题的本质，让学生顺利找到问题的答案。

总体来说，在数学分析、证明和推广的过程中，抽象思维的作用是不可或缺的。抽象思维是左脑的产物。因此，教师要承认数学对象是抽象思维的产物，都是来自于左脑的作用。但是，数学思维也有右脑的参与，如猜测、想象、直觉、合情推理等，这些都与右脑思维有着密切的关联。教师在教学中，一定要注意充分发掘学生左脑与右脑思维的双重作用，让它们可以在数学教学中发挥着至关重要的作用，帮助学生提高逻辑思维能力，提高数学综合能力，能够更加适应社会与时代发展的需要。

二、数学抽象思维能力的一般规律

抽象思维的一般规律大致包含两个方面的内容：①数学研究中的抽象思维是如何进行的；②数学教育中的抽象思维是如何发展的。

关于数学抽象思维的研究，大致可以分为以下四个阶段。

第一阶段，是对数学抽象的相关问题进行的研究。数学抽象一般是从数学认识活动最初接触的表象开始的，这并不代表所有的表象都能成为数学抽象的研究对象。人们会对一些在数学研究与应用中出现频率较高的、预示着某种规律性的现象进行深入的探讨，并进行自觉的抽象思维活动。最初的数学表象大多是在生产活动中产生的，如几何图形的表象是在土地测量、制作陶器等实践活动中得到的，数字来源于贸易和计时等活动。一般情况下，数学表象只能抓住一些特殊的表象，数学工作者的任务就是要从特殊中发现一般，有一种能在截然不同的问题中洞察到统一的思想，并有一种集中必要的材料来阐明其统一见解的艺术。只有这样，数学表象才能成为有用的材料。

第二阶段，主要是对各种具体数学属性进行分析，逐步去掉非本质属性，只保留能表明本质属性的数量关系，对于一些新发现的数量关系，还需要有新的符号加以表示，从本质上说，这是一个创新的过程。同构是指具有相同数量关系的数学问题在结构上是相同的。同构是类别的基础，同一类数学问题才有可能抽象出共同的本质属性或特征。

第三阶段，对于已经了解其结构的数学事实，需要根据它和其他的数学理论的关系确定其本质属性或特征。新的数学概念总是在原有的数学体系上形成和发展的，连接新旧知识是需要牢固的逻辑推理能力的。为一个数学概念下定义的难度，要远远大于使用它。这是因为，定义反应的不仅是运算规则的本身，还包括概念之间的内在联系，这需要数学发展到一定程度才能够确定下来。

第四阶段，当一个数学概念基本被确定下来之后，需要有一个长期的过程可以对其进行精炼。一方面，需要不断提炼和深化概念的内涵；另一方面，要不断扩张概念的外延。例如，乘法运算在最开始时，只应用于数字之间，随着它的不断深化与扩张，慢慢地在多项式、矩阵等方面也引入了乘法。虽然与数字之间的乘法法则有所区别，但是它们之间仍然存在着一定的相似性。在集合论中，乘法是作为一种代数运算来实现的，是对两个集合的乘积集合到另外一个集合的映射，这样乘法的内涵和外延都得到了发展与精炼。

对于初中的教师与学生来说，他们学习与研究数学的重点并不在于抽象思维是如何进行的。教师的教学目的是为了帮助学生更好地进行数学学习。学生学习数学是为了提高自己的数学成绩，并且通过学习如何把抽象思维应用到数学中来帮助自己提高数学能力，所以这个部分的研究并不是他们学习过程的重点。对于他们来说，数学教育中的抽象思维能力是怎样实现发展的才是他们教学生活中的重中之重。

在数学教学中，教师讲述抽象概念总是从一些典型、具体的问题出发，这符合数学概念发生的自然历史过程。教师要让学生记住这些抽象的数学概念，就要用一些比较典型的例子来帮助教学，如果只是单纯对抽象概念进行记忆，就会觉得这些数学概念是很空洞的，没有实质的内容。如果在教学中加入一些经典的实例，就会让学生全面理解这些概念，对于运用这些抽象概念很有帮助。从这个层面上来说，实例其实是人们理解和运用抽象概念的基础，但是这个基础具有局限性，如果想要真正理解和运用抽象概念，就要摆脱实例的局限性。例如，让一个学生画一个直角三角形，基本上会把直角画在下方，很少会把直角画在上方或者是其他方向。这是因为，直角在下面的直角三角形是最先进入学生的脑海的，他们对直角三角形进行学习与理解时，首先看到的就是这样的三角形。当在练习中看到其他方向的直角三角形时，他们就需要克服之前印象的干扰，这就是心理学上常常讲到的"负迁移"。当然，学生在看到不同方向的直角三角形时，转化概念会比较容易，但是在遇到更为复杂的情况的时候，消除实例带来的负迁移影响，就变得比较困难了。这也是很多学生在学习中，看到以另外一个形式呈现的同一类题目依然感觉很茫然的一个主要原因。

学生为了更好地学习数学概念，在根据实例对数学概念进行学习与理解时，还应注意克服实例带来的负面影响。那么，学生应该如何克服这种负面干扰呢？其一，学生需要对抽象概念的内涵和外延有充分的了解，抓住这个概念的本质，并且要对它在不同实例中的不同运用与证明有一定的了解。其二，要把考查对象从原有问题的复杂联系中分离出来，直接对概念的定义进行单独的研究与分析，要擅长"换个角度看问题"。

数学概念的定义随着数学体系的发展，也会产生变化，这是符合数学发展的客观规律的。对于一些在不同体系中名称相似或相近的概念，要注意它们的不同定义，学生要特别注意这一点，因为只有注意到这一点，才可以更好地理解和掌握抽象概念。例如，普通的几何体和线性空间，普通的加法和交换群的加法等，都有着不同的含义。学生要随着数学体系的变化，对数学概念的理解进行变化，从而更好地理解数学概念。同时，学生要排除掉之前已经掌握了的同名概念的干扰因素。

综上所述，数学教育中抽象思维能力发展的局限性，主要来自具体而又不为具体所限的这个方面。初中数学教师应该根据数学理论体系的抽象层次和结构，帮助学生构造抽象思维的思想基础，让学生自觉实现抽象和具体的转化，帮助他们实现数学抽象思维由低级到高级的发展，达到训练学生抽象思维能力的目的，提高学生的数学能力，让学生在数学中取得高分的同时，享受到学习数学的乐趣。

三、数学抽象度分析法

数学理论体系的抽象性是具有不同的层次的，数学对象和方法的抽象程度也是有高有低的，人们在研究数学的实践活动中，会很直观地感受到这个问题。①人对自然界的反映是通过一系列的抽象过程进行的，是通过在已经形成的概念和理论的基础上提出新概念、建立新理论的方法来进行的，不但对经验中给出的东西加以考察，而且也对可能的东西加以考察，这是对数学中抽象程度的初步理解；②每个数学家都有一种感觉，在数学的各种思想之间可以有某种度量。也就是说，数学的成果形成了个巨大的网，每个内容之间都是有很多环节的。但是，这些观点局限在了定性分析的水平上面，很难对数学抽象程度及其性质做出全面而深刻的剖析。为了解决这一问题，就要把定量分析法引入到数学抽象程度的研究中。经过发展，这个方法在数学抽象度中演变成了数学抽象度概念和抽象度分析法。

要想对数学抽象程度和性质进行研究，就要确定一种比较抽象的方法。在数学中，已经确定的基本数学概念、数学定义、数学公理、数学定理、数学模型、数学推理法则、数学证明方法等，都可以被称为"数学抽象物"。例如，给出一个指定的数学抽象物 P，所有与 P 在逻辑上形成等价的任意抽象物，可以构成一个等价类，属于同一个等价类的数学元素可以看作是同一个元素，它们之间并不进行区分。

对于抽象程度不同的抽象物，可以定义一种顺序关系。例如，弱抽象过程中，特殊性较强、外延较窄而内涵较丰富的抽象物要排在前面，特殊性弱、外延较宽、内涵较贫弱的抽象物排在后面，因为后者比前者抽象程度更深。在强抽象过程中，外延较宽、内涵比较弱的抽象物在前面，外延较窄、内涵比较丰富的抽象物在后面，这是按照抽象程度的深浅来排列的。例如，连续函数就比函数的抽象程度更深。

数学抽象物的相对抽象度、出度和入度，被称为数学抽象的三元指标。一个抽象物的三元指标数值越多，就表示这个抽象物越深刻、越基本、越重要。三元指标可以把数学抽象物的关系表示为一个多重有向平面图，并用图论的方法进行研究。

数学抽象物还有另外一个性质，就是"抽象难度"，表示的是抽象思维过程中的难易程度。一般来讲，可以将抽象难度划分为四个等级：小难度、中难度、大难度、特大难度。小难度和中难度的抽象思维，适用于已有理论的完善和发展；大难度和特大难度的抽象思维适用于新理论的创立，需要人们改变传统观念的限制，实现思想上质的飞跃。如果一个数学抽象物是经过若干步抽象得来的，那么这个抽象物的难度就可以表示为一个多维向量，这个向量就是各个步骤的抽象难度。

抽象度分析法，就是运用上述各种数学概念，对各个数学的分支和具体的数学问题进行分析，了解它们的抽象思维特征。一般来说，给定某一个数学分支的全部或者部分数学抽象物的集合 M，如果对 M 中的元素做全面的抽象度分析，就需要采用以下几个步骤。

第一步，给定抽象的意义，将 M 排成偏序集，让其中的每一个链都变为不可扩张的完全链。

第二步，将偏序集画成有向图，表明每一步的抽象意义。必要时，要对每个步骤使用的抽象法则进行说明。

第三步，将偏序集中的各个极小点作为始点，计算各条链上各个点的一组相对抽象度。

第四步，计算图中每一点的入度和出度，于是每一点都可以获得三元指标，所获得的三元指标可能是一个也可能是多个，没有数量限制。

第五步，从每一个始点出发作为各个关联点的抽象度向量。根据需要，还可以用统计的方法计算集合 M 的平均抽象度和平均抽象难度。

数学抽象度分析法的根本特点，就是把数学方法用到对数学抽象思维规律自身的研究中，这很像现代数理逻辑中的证明论。证明论就是对数学的证明过程本身进行定量的分析。同样地，抽象度分析法对于数学的抽象过程进行了定量的分析，也获得了许多能够解释数学抽象思维本质特点的新概念和新方法。但是，初中生对数学抽象程度和层次的认识是十分局限的，因为他们的知识水平、生活经验等都比较匮乏。他们可能会对数学抽象思维有一定的感受，但是这种感受并不深入，甚至可以说是十分表面化的。他们在学习数学抽象物时，很可能会产生很多问题。例如，对于部分数学抽象物的概括不够准确、概念理解的层次不够深入、概念的结构理解出现偏差等问题，他们也很难纠正。实际上，函数概念也能够用曲线来进行表示，具有连续性、可微性等非本质属性，这属于另外的抽象层次。但是，学生缺乏对抽象思维过程的定量分析，把本质属性和非本质属性混淆在一起，产生了理解的偏差。抽象度分析法是对数学抽象思维一般规律的认识，它可以帮助学生根据自身对数学的需求，自觉地调整已经形成的概念层次结构，并且不断地创造新的概念层次结构。

抽象度分析法对于教师实施数学教学有很大的意义。前面曾提到了数学教学中存在的一些问题，特别是在培养学生抽象思维方面，违背了客观规律的要求。而在培养学生抽象思维能力的教学过程中，很多学生都是通过自身的发展自发地形成了这种能力。另外，初中数学教材中的内容是经过严密的逻辑整理而成的成果。就这些数学内容的本身而言，它们并不能反映获得这些成果的实际思维过程。教师在数学教学活动中，如果拘泥于数学课本，要求学生背诵数学概念、数学定义、数学法则、数学定理等内容，并且让学生机械、单调地运用这些定义法则，是十分不利于培养学生的抽象思维能力的。可以说，在这种教学方式下，学生的抽象思维能力是十分局限的。抽象度分析法的出现，可以帮助教师从根本上解决这些问题。通过对数学抽象物原型、层次结构和抽象难度的分析，学生可以感到这些数学抽象物是十分生动的，这有利于丰富学生的抽象思维，自觉形成抽象思维能力。从哲学角度看，个人的抽象思维发展是整个人类抽象思维发展的一个缩影。抽象度分析法对数学抽象物层次结构的分析和对抽象思维规律的探讨，实际上是人类抽象思维发展过程的逻辑再现。抽象度分析法在数学教学中的应用，是指对数学抽象思维发展史上的经验教训加以总结，然后用总结后的内容来培养学生的抽象思维能力。将抽象度分析法与布尔巴基学派的观点结合起来，就可以把前人遗留下来的大量的数学知识进行浓缩，易被学生们接受。这对于改革数学教育和适应现代社会对数学的要求，有着关键性的影响作用。

抽象度分析法不仅作用于数学抽象思维过程，还促进其他各个领域和各种类型的抽象思维的发展。抽象度分析法为数学教学提供了新的概念及新的教学方法，有助于教师引导学生学习数学中抽象思维的普遍规律，帮助他们对这些规律进行把握，培养他们的抽象思维能力，从而得以全面发展。

因为数学抽象度分析法的研究与应用属于初级阶段，所以数学抽象度分析法还亟待完善与发展，数学教育工作者和数学研究者可以进行这方面的研究与探索，让数学抽象度分析法可以更好地服务于数学教学，改善数学教学质量，优化数学教学结构，从而帮助数学教师达到更完美的教学成果。

四、初中生抽象思维存在的问题

有些学生的数学成绩比较差，即使每天在数学学习上花费很多的时间，还是无法提高自己的数学成绩，归根到底，是因为学生的数学抽象思维能力水平比较低下。具体表现在以下几个方面。

第一，启动迟缓，反应缓慢。班级里数学成绩比较好、学习数学比较轻松的学生，在数学课堂上总是会很快进入状态，对数学要点的掌握也比较迅速。数学学习比较困难的学生，总是很难迅速进入学习状态，对新知识的接受速度也比较慢。初中数学的知识量大，但是分配给学生学习数学的时间却很有限，教师的教学任务就是要在有限的课时内把知识全部传授给学生。进入状态较慢、反应比较迟缓的学生，常常会觉得自己还没有掌握上一个知识点的时候，教师已经开始了下一个知识点的讲解。大家都处于同一个数学课堂，教师不会因为少数学生无法进入学习状态而停下来等待。因此，状态差的学生往往会中断自己对数学知识的探索，只能机械地进行知识点的记录。

第二，起点低，效益差。学生的抽象思维需要先退后进。退就是要退到最具体甚至是最原始的地方，即使是一些抽象程度比较低的数学对象，他们也需要有一个现实原型来作为理解的工具。如果他们对这些内容的印象不够深刻，也没有经过多次反复的练习，那么他们就无法掌握这些内容。也就是说，如果学生抽象能力的起点过于低的话，他们的学习效率会大打折扣，抽象思维能力的培养与发展也会受到一定的限制。

第三，跨度小，容量小。学生的抽象思维水平是一步一步进行发展的，很多学生的抽象思维能力是比较低的，如果教师的教学内容稍微有一个小小的跳跃或者脱节，他们就很难理解。如果不进行深究的话，囫囵吞枣的现象就会出现。学生对于偶尔出现的一两个产生抽象困难的问题，如果不及时地解决并做深入的分析，日积月累，待他们疑惑的问题多了，就可能会导致他们在数学的学习过程中感到无所适从、一头雾水。

第四，初中生的思维特点。学生在小学教育阶段会接受一些关于方程、平面图形等知识的教育，在他们升入初中的时候，往往就有了一定的数学知识的积累，这是好的一方面。但不可否认的是，很多学生在进入初中学习后，依然保持着小学的数学思维习惯，陷入了经验型抽象思维，对初中知识点的抽象思维能力的形成有所延缓。因此，初中数学教学中培养学生抽象思维能力的首要任务就是要实现小学初中知识的合理衔接，促进形象思维过渡到抽象思维。

五、提高初中生抽象思维能力的教学措施

（一）抽象概念形象化

从初中开始，代数部分的学习就开始涉及几何概念。在几何知识结构中，第一个概念就是平面，如教室、黑板等。教师可以利用这些身边的事物原型，把抽象的数学概念形象化，让学生可以进行观察，然后就观察到的实物与抽象的数学概念进行联系，把抽象物形象化之后，再根据具体的实物对其进行抽象的概括。例如，对于线面关系，学生可以利用教室的墙壁或教师的讲台来进行理解。把抽象的数学模型变为现实生活中直接存在的具体事物，可以帮助学生缩小思维的跨度，帮助学生理解这些抽象的数学知识。

（二）抽象结论具体化

如果学生没有真正挖掘出已知题目的确切含义，就无法进行解答，思维会受到限制。因此，初中生在进行数学习题训练时，要把题目中已知条件的所有信息进行仔细、反复地推敲，找到这些条件和数据的确切含义，才能够顺利地对问题进行解答。要做到这一点，学生就要增强思维的变通性，并且要不怕困难、迎难而上，不可以对训练中遇到的困难产生畏惧的心理。教师在进行这种训练时，要注意鼓励学生，让他们克服畏难的心理障碍，对数学学习产生兴趣，增加他们学习的自信心，提升数学学习效率。

（三）抽象方法通俗化

数学归纳法的验证。有这样一个简单的例子：一串鞭炮的引线是相互连接的，如果前面一根引线被点燃引起鞭炮爆炸，也必然会引起下一个鞭炮的爆炸。如果想要把这串鞭炮全面引燃的话，需要点燃多少引线？如果引线之间没有相连的话，又会有什么后果？

这个例子可以让学生清晰地认识到数学归纳法验证的重要性，使其明白归纳假设是初中数学学习中必不可少的一种学习方法。由熟悉的问题开始反思，可以让学生的思维更加活跃，能够使学生在无意中完成由形象思维到抽象思维的过渡。学生可以通过验算，检查这个结果的正确性及证明过程的正确性，从而增强思维的反思性。

（四）平淡教学的有机渗透

教师在数学教学过程中，可以把平淡教学渗透到课堂教学中。平淡教学的学习难度比较小，数学研究对象的抽象度也比较低，基础知识也比较简单。对于学生来说，学习难度

比较小，可以让学生集中精力训练思维。

总而言之，初中生提高自己抽象思维能力最重要的一点，就在于日常学习中教师的引导及自己的训练。学生要进行大量的训练，相信勤能补拙，不要害怕困难。对于抽象思维能力水平比较低的学生，教师要有耐心，帮助他们制订循序渐进的可行性计划，让他们可以对数学抽象思维训练有一定的信心，对数学学习更有兴趣，以此来达到对他们抽象思维能力进行培养和提高的教学目的。

第二节 数学与探索性逻辑思维

一、数学探索性思维的品质

（一）数学探索性思维的探索性

探索性思维是思维的核心内容，探索性思维能力就是提出问题、分析问题和解决问题的能力的核心内容，是创造能力产生的源泉和途径。在数学教学中培养学生的探索性思维是素质教育的主要内容，也是体现新课标理念的关键之处。

（二）数学探索性思维的深刻性

数学思维的深刻性是指学生对实际事物中的数学关系进行抽象概括而获得数学问题，对具体数学材料、数学问题进行分析概括而得出数学模型，选择恰当的数学方法，用合适的数学计算求出此模型的解或近似解，以及对解的实践检验、对模型的修正等过程中，思考的广度、深度、难度和严谨性水平的集中反映。在数学知识的学习与应用过程中，在对事物的观察、比较、分析、综合、抽象和概括的过程中，在归纳、演绎、类比等推理过程中，在对自己的数学思想方法的阐述过程中，都会体现出思维深刻性的差异。数学思维的深刻性表现在：善于洞察数学对象的本质属性与相互联系；能捕捉矛盾的特殊性，从研究材料中揭示隐藏的特殊情况，并发现最有价值的因素；能迅速确定解题策略和各种方法、模式等。

（三）数学探索性思维的广阔性

数学探索性思维的广阔性有两个层面的意义。第一个层面是指探索性思维能够从多个侧面、多个层次、多个维度来思考问题，善于找到数学对象的多个侧面，最好的状态是能够把所有的侧面都找出来。第二个层面，是指探索性思维可以通过概括和总结，扩大所得数学结论的适用范围，把这个结论从特殊推广到一般。

（四）数学探索性思维的批判性

数学探索性思维的批判性是指学生在数学活动中，能够精确检查整个思维过程，包括思维的起点、中间阶段和结果。运用探索性思维的人要敢于质疑别人的研究成果，并且可以对自己的观点进行大胆地表达。

（五）数学探索性思维的灵活性

数学探索性思维的灵活性也包括两层含义。第一层含义，数学探索性思维的应变能力是十分强的。它能够根据客观现实的变化，灵活转换思路，调整已经形成的思维过程与思维体系，可以迅速找到新的思维方法。第二层含义，学生可以从已经给出的条件中看出新的结论，并且能够从已知条件中把隐藏的信息找出来，以此来进行结论的证明与叙述。

（六）数学探索性思维的创新性

数学探索性思维的创新性是指新颖、独特地解决数学问题的过程中所体现出来的智力品质。数学探索性思维的创新性是数学探索性思维的高级形态，创新是一个民族与国家发展的灵魂，由此可见，数学探索性思维对于国家与社会的进步，都有着重要的战略意义。

数学探索性思维的思维品质在数学中发挥着至关重要的作用，它能够在初中生解决数学题目的过程中，提供一个有效的思维方式，让学生感受到"柳暗花明又一村"。

数学探索性思维在学生的数学活动中也发挥着至关重要的作用，数学探索性思维贯穿于整个数学活动形成和发展的过程中。甚至可以说，没有数学探索性思维，就没有数学活动。所以，初中教师在实施数学教学活动时，一定要注意培养学生的数学探究性思维。

二、数学的猜测和反驳能力

数学探索性思维的核心问题是数学的猜测和反驳，猜测提出新思想，反驳对新思想进行修正。

从问题和猜测开始，就有着关于证明和反例的同时性研究。新的证明解释老的反例，新的反例推翻老的证明。在数学的探索性思维活动中，证明并不意味着传递真理的机械程序，它是解释、证实和阐述，使得猜测更加逼真，可信度也更加高。如果一个反例向论证的某一个步骤提出挑战，那就是"局部的反例"；如果反例是向结论本身提出挑战，那就是"全局的反例"。整个数学理论体系本身都是通过理论的不断批判和反驳生长的，通过理论的更新和竞争而取得进展的。拉卡托斯这些理论的意义在于帮助教师保持思想活力，避免思维模式的僵化。

一般情况下，提出数学猜测有以下几种方法。

第一，通过类比来提出猜测。类比的基础是数学对象形式结构的相似或接近，通过对两个以上的类似对象的比较，去获得新思路和新发现。

第二，通过归纳来提出猜想。归纳是指不完全的归纳或经验性的归纳，也就是说，通过部分实例推测具有普遍意义的数学性质。通过归纳提出猜测，需要对大量数学实例进行细致的观察和实验，并以此为基础。对于现在很多已经被证实的，甚至那些熟悉但并没有被证实的人们只有通过观察才能知道这些性质。不完全归纳有一定的危险性，存在着很多陷阱。有些时候，通过猜测与事实的相符程度会让实验的结果达到相当好的水平，这个效果比观察和实验还要好。但是，在数学中不存在一成不变的实验理论，有时候，只要在出乎人们意料的地方提出一个反例，就可以推翻之前所得到的所有结果。

第三，通过减弱或强化定理条件提出猜想。也就是说，把某个定理的前提条件减弱或强化后，设想这个内容依然是成立的，于是就形成了新的猜测。减弱或强化定理条件能够获得合理的猜测，原因在于人们最初对订立的适用范围和理论价值的估计并不准确。适当的改变定理条件是探索问题的一个重要手段，它可以引导人们从已知领域过渡到未知领域。

第四，通过想象和直觉提出猜测。这主要涉及数学想象和数学直觉的思维规律。大量的猜测不是类比，也不是归纳的产物，与各种已知的定理也没有关系。例如，数学家凭借自己特殊的感觉认为某个事情就应该是这个样子的，后来也被证实这个感觉是正确的。

第五，通过逆向思维提出猜测。逆向思维是指在循着某一固定思路解决数学难题屡遭失败之后，从相反的方向进行思考，从而提出新的猜测。

数学猜测方法的使用，是需要调动整个大脑的。教师要指导学生在脑海中构思出数学对象的未知逻辑联系，并进行谨慎周密的验算。教师可以为学生提供一些素材，让学生通过观察和实验，对这些素材进行综合加工，并形成一个比较明确的逻辑关系。然后，学生要懂得利用反例来对这个关系进行论证。总而言之，教师要帮助学生充分调动数学思维的作用，培养和提高学生的探索思维能力，全面提高学生的数学能力。

三、初中生数学探索性思维发展的教学策略

（一）发挥学生的直觉作用

直觉是探索性思维的重要组成部分。直觉对学生探索性思维的培养有着至关重要的作用，所以教师在数学教学活动中一定要把发挥学生的直觉作用提上日程。例如，可以通过实物、模拟等展示数学知识，还可以用比较直观、形象的语言进行数学讲解，从而发挥学生的动手操作能力。

（二）创设探索的情境

创设探索的情境可以帮助学生把精神和注意力都集中在课堂活动中，发展探索性思维。不可否认，与语文和英语等学科的生动性相比，数学课是十分抽象、枯燥的。因此，数学教师要更加重视情境的创设。教师可以引入学生感兴趣的话题，把数学课堂变得更加生活化，也更加贴合实际生活。教师通过创设学生感兴趣的情境，激发学生对数学的学习兴趣，并且在这个有趣的教学活动中，有效地培养和发展学生的探索性思维能力。

（三）激发学生对数学的学习兴趣

众所周知，"兴趣是最好的教师"。教师如果在数学教学中激发并维持了学生对于数学的学习兴趣，那么学生们的探索性思维能力便能够得到有效培养，学生的思维在整个课堂中也会处于一种比较活跃的状态。教师可以通过动人的场景、诱人的悬念、猜想、有趣的故事等方式进行数学教学，从而让学生的探索性思维得到真正意义上的发展。

（四）展现结论的产生源头

传统的数学教学理论认为，数学概念、数学定理、数学公理和数学公式等是思维的基础及出发点。传统教学中，教师很少会讲述数学知识的来源。现代的数学教学理论认为，数学概念、数学公理、数学定理和数学公式等既是思维的起点，又是思维的终点，既有过程性，又有结果性。任何结果，都是经过一定思考活动的产物。所以说，这些数学概念、数学公理、数学定理、数学公式等的思考过程，恰恰是进行探索性思维培养的最佳素材。教师在教学过程中，要重视对这些素材的挖掘和使用，从而对培养和发展学生的数学探索性思维起到促进的作用。

（五）设计合理的问题

问题是数学的心脏，恰当地提出问题可以帮助学生形成和发展探索性思维能力，提高初中数学教师的教学效率。教师在设计数学题时，需要注意下面几个方面。

1. 引导和鼓励一题多解、一题多变

对于同一道题目，可以寻找多个解法或者通过不断地变化条件与结论，培养学生的探索性思维能力，加深他们对相关数学知识的理解程度；还可以把这些数学知识进行综合考虑，在运用时，做到更加灵活多变。

2. 增加开放性试题的数量

开放性试题的本质特点就在于它的开放性，这能够打破学生死记硬背、机械模仿的局面，让学生在学习数学时能够主动思考并积极地参与到这个过程中，这对于培养初中生的探索性思维能力有非常大的帮助。因此，教师在教学中要注意增加开放性试题的训练，让学生可以运用思维活动进行探索性的学习。

（六）教师要强调思维的连贯性

思维要连贯，是指初中生在思考数学问题的过程中，要保持思维的连贯性。学生只有保持思维的连贯性，才能够真正形成探索性思维能力。"少年强则国强"，青少年是国家未来的希望与栋梁，探索性思维能力对国家的发展有着促进作用。

第三节　数学直觉思维能力

一、直觉思维的特点

（一）简约性

直觉思维能力具有一定的跳跃性，是非逻辑性的，它不需要一层又一层地推断，而是需要学生根据自己的经验和已经形成的知识体系来对数学对象进行考查与研究。直觉思维是一个瞬时的思维，是人们在积累知识和经验之后的顿悟，这个思考过程是十分简单的，但是对数学对象的反映更加清晰。

（二）自发性

数学直觉的产生往往是人们下意识的反应，无论是渐悟还是顿悟，都是意料之外的结果。人们通常会无意中突然领悟到某一个数学真理是如何产生的或应该如何证明某个数学定理，这就是人们常说的灵感。这种直觉并不是凭空出现的，而是以下意识的紧张活动的积累为基础的。直觉的自发性需要同逻辑思维的自觉性相配合，如果没有通过逻辑思维进行前期的铺垫与研究，那么人们可能永远不会出现"灵光一现"的情况。因此，教师应该注重培养初中生的数学直觉。

（三）富于情感的作用

这里提到的情感作用，是指获得直觉的激情和对直觉的强烈信念。在直觉思维过程中，情感的作用得到了充分的发挥。一般来说，直觉可以帮助学生对数学产生兴趣，提高他们学习数学的信心。强烈的自信心能够促使直觉的产生，直觉的产生又可以增加学生的自信心。

二、数学直觉的类型和作用

可以从不同的角度划分数学直觉。从数学直觉在数学认识活动中的作用的角度出发，可以把它划分为辨识直觉、关联直觉和审美直觉这三种类型。一般来说，辨识直觉所解决的是一个新想法是否有价值、是否值得去验证的问题。关联直觉解决的是不同知识领域之间，包括已知知识和未知领域之间的内在联系的问题。审美直觉解决的是新想法是否符合数学美的要求的问题。

直觉在数学教学中占据着一定的优势，是其他因素无法替代的。数学直觉为数学教学提供了生动的素材，这些素材经过逻辑思维的加工，形成了一定的数学成果，不仅扩大了学生的数学理论知识体系，还激发了学生学习数学的兴趣。学生一旦拥有了数学直觉，将有助于他们应对数学学习中出现的难题。

三、培养学生直觉思维能力的要求

（一）数学直觉需要扎实的数学基础

直觉虽然具有一定的偶然性，但是它也是建立在一定数学知识的基础上的，不是凭空想象出来的。为了培养学生的直觉思维能力，教师要注重对学生进行基础知识的教授，因为这是培养学生直觉思维能力的基础。

（二）渗透数学的哲学观点和审美观念

学生要对数学对象进行整体把握与了解，哲学对人们把握事物的本质有很大的帮助，如一切要从实际出发等哲学观点。数学的本质是美的意识及美感，因此增加学生的审美能力，对于培养学生的直觉思维能力起着积极的作用。

（三）选取适宜的题目类型

在数学教学过程中，教师要选取合适的题目进行教学。教师可以选择适当的、具有开放性的问题进行直觉思维锻炼，因为开放性的试题没有明确的条件和结论。这样，学生就可以根据自己的能力，从不同的角度来进行思考，从各个角度来寻找问题的答案，这对于培养学生的直觉思维能力有很大的帮助。

（四）设置直觉的意境和动机诱导思维观念

教师可以在课堂上明确提出要训练学生的直觉思维能力，要根据自己班级的实际情况，制订出适宜的教学方案，策划不同的课堂活动，并且在整体上分析问题的特征。教师还可以引入有利于培养学生数学思维的教学方法，如换元法、数形结合、归纳猜想、反证法，这些都对培养和提高学生的直觉思维能力有很大的帮助。

四、提高学生数学思维能力的策略

（一）找准数学思维能力培养的突破口

心理学家认为，培养学生的数学思维品质是培养和发展数学能力的突破口。思维品质包括思维的深刻性、敏捷性、灵活性、批判性和创造性，它们反映了思维品质不同方面的特征，因此，在教学过程中应该有不同的培养手段。思维的深刻性是指，数学的性质决定了数学教学既要以学生为基础，又要培养学生的思维深刻性。数学思维的深刻性品质的差异，集中体现了学生数学能力的差异。在数学教学中培养学生数学思维的深刻性，实际上就是培养学生的数学能力。教师在数学教学中应当教育学生学会透过现象看本质，学会全面地思考问题，养成追根究底的习惯。数学思维的敏捷性，主要反映了在正确的前提下的速度问题。在数学教学中，教师不仅要考虑训练学生的运算速度，还要尽量使学生掌握数学概念、原理的本质，提高他们所掌握的数学知识的抽象程度。因此，在数学教学中，教师应当时刻向学生提出速度方面的要求，使学生掌握速算的要领。

（二）教会学生思维的方法，要求学生善于思维

学生和教师必须重视基础知识的学习和基本技能的培养，没有扎实的双基，学生的思维能力就得不到提高。数学概念和定理是推理论证和运算的基础，准确地理解概念和定理是学好数学的前提。教师在教学过程中要提高学生观察分析、由表及里、由此及彼的认识能力。数学概念、定理是推理论证和运算的基础。在例题课中，教师要把解题思路的发现过程作为重要的教学环节，不仅要让学生知道该怎样做，还要让学生知道为什么要这样做，是什么促使学生这样做、这样想的。在数学练习中，学生要认真审题，细致观察，对解题起关键作用的隐含条件要有挖掘的能力，会运用综合法和分析法，并在解题过程中尽量学会用数学语言、数学符号进行表达。

（三）善于调动学生内在的思维能力

一要培养兴趣，让学生迸发思维。教师要精心设计，使每节课形象、生动，要有意识地创造动人的情境，设置诱人的悬念，引导学生擦出思维的火花，激发学生求知的欲望。教师还要经常指导学生运用已学的数学知识和方法解释自己所熟悉的实际问题。二要分散难点，让学生乐于思维。对于较难的问题或教学内容，教师应根据学生的实际情况，适当分解，减缓坡度，分散难点，给学生乐于思维创造条件。三要鼓励创新。教师要让学生学会独立思考，鼓励学生从不同的角度去观察问题、分析问题，养成良好的思维习惯和品质；鼓励学生敢于发表不同的见解，促进学生思维的广阔性发展。当然，良好的思维品质不是一朝一夕就能形成的，但只要根据学生的实际情况，通过各种手段，坚持不懈、持之以恒，就必定会有所成效。

学生的学习兴趣总是和成功的喜悦紧密相连。例如，听懂一节课，掌握一种数学方法，解出一道数学难题，测验得到好成绩，平时教师对自己的鼓励与赞赏，都能使学生从这些经历中体验到成功的喜悦，激发起更高的学习热情。因此，在平时学习中，学生要多体会、多总结，不断从成功（哪怕是微不足道的成绩）中获得愉悦，从而激发学习的热情，提高学习的兴趣。

（四）认清学习能力状态

1. 心理素质

学生能否将其在特定环境下所具有的荣誉感与成功感带到数学学习的过程中，要看他

（她）是否具备面对挫折冷静分析问题、克服困难走出困境的能力。会学习的学生，因学习得法而成绩好，成绩好又可以激发兴趣，增强信心后，更加想学，知识与能力得到进一步发展，从而形成良性循环；不会学习的学生，因学习不得法而成绩不好，如能及时总结教训，改变学法，变不会学习为会学习，经过一番努力还是可以赶上去的，如果任其发展，不思改进、不努力、缺乏毅力与信心，成绩就会越来越差，能力得不到发展，便会形成恶性循环。因此，初中学习是对学生心理素质的考验。

2. 学习方式、习惯的反思与认识

（1）学习的主动性

许多学生在进入初中后，还像小学生那样有很强的依赖心理，跟随教师的惯性运转，没有掌握学习的主动性。具体表现在：不制订计划，坐等上课，课前不预习，对教师要讲的内容不了解，上课忙于记笔记而忽略了真正听课的任务等，顾此失彼，从而被动学习。

（2）学习的条理性

教师上课一般都要讲清知识的来龙去脉，剖析概念的内涵和外延，分析重点和难点，突出思想和方法。有些学生上课没能专心听课，对要点没听到或听不全，笔记记了一大本，问题也有一大堆，课后又不能及时巩固、总结、寻找知识间的联系，只是忙于做作业，对概念、法则、公式、定理一知半解，机械模仿，死记硬背；有些学生晚上加班加点，白天无精打采或是上课根本不听，自己另搞一套，结果事倍功半，收效甚微。对此，初中生要注重学习的条理性，合理分配与安排自己的学习计划。

（3）学生在做练习题时的不良习惯

学生在做练习题时的不良习惯主要有：对答案，不相信自己的结论，缺乏解决问题的信心和决心；遇到问题不独立思考，养成一种依赖心理素质；慢腾腾地做题，不讲速度，训练不出思维的敏捷性；心思不集中，效率不高。

（五）知识的衔接能力

一方面，小学数学教材的内容通俗具体，多为常量，题型少而简单；而初中数学内容抽象，多研究变量、字母，不仅注重计算，还注重理论分析，与小学教材相比增加了难度。另一方面，与小学数学相比，初中数学知识的深度、广度和对学生能力的要求都是一次质的飞跃，这就要求学生必须掌握基础知识与基本技能，为进一步学习做好准备。所以，在实际数学教学中，教师一定要做好小学与初中的知识衔接，在小学与初中阶段都要增加对数学思维能力的训练，让学生可以更好地学习数学，提高自己的数学思维能力。

（六）努力提高自己的能力

1. 改进学法，培养良好的学习习惯

不同学习能力的学生有不同的学法，应尽量学习能力较高的学生的学习方法。改进学法是一个长期性的系统积累过程，学生只有不断地接受新知识，不断地遭遇挫折，不断地提出疑问，不断地总结，其学习能力才会得到不断的提高。不会总结的学生的能力是不会得到提高的，挫折和经验是成功的基石，自然界适者生存的生物进化过程便是最好的例证。学生要经常总结学习的规律，多与教师和其他同学接触交流，逐步总结出更有效的学习步骤，包括制订计划、课前自学、专心上课、及时复习、独立作业、解决疑难、系统小结和课外学习，简单概括为四个环节（预习、上课、整理、作业）和一个步骤（复习总结）。每一个环节都有较深刻的内容，都带有较强的目的性和针对性，学生要将其落实到位。

在课堂教学中要培养学生的听课习惯。听是主要的，听能使学生集中注意力，把教师讲的关键部分听懂、听会。听的同时应注意思考、分析问题，光听不记或光记不听会顾此失彼，使课堂效益低下。因此，学生应适当地记笔记，领会课上教师的主要精神与意图。在课堂、课外练习中培养学生的作业习惯。学生的作业不但要整齐、清洁，而且要有美感，让教师在批阅的时候获得美的感受。教师可以培养学生独立思考和解题正确的责任感。做作业时要提倡效率，应该十分钟完成的作业，不能拖到半小时完成，拖拖拉拉的作业习惯会使学生思维松散、精力不集中，这对培养学生的数学能力是有害无益的。数学学习习惯必须从初一年级抓起，无论从年龄增长的心理特征上来讲，还是从学习不同阶段的要求上来讲，都应该对学生进行学习习惯的指导。

2. 加强课堂效益

（1）抓教材处理

学习数学的过程是活的，教师教学的对象也是活的，都在随着教学过程的发展而变化，尤其是当教师注重能力教学的时候，教材是反映不出来的。数学能力是随着知识的发生而形成的，无论是形成一个概念、掌握一条法则，还是会做一道习题，都应该从不同的能力角度来培养和提高。通过教师的教学，学生应该理解所学内容在教材中的地位，弄清与前后知识的联系等，只有把握住教材，才能掌握学习的主动性。

（2）抓知识形成

数学的一个概念、定义、公式、法则、定理等都是数学的基础知识，这些知识的形成

过程很容易会被忽视。事实上，这些知识的形成过程正是数学能力的培养过程。一个定理的证明，往往是新知识的发现过程，在掌握新知识的过程中，就培养了初中生的数学能力。因此，教师要改变重结论轻过程的教学方法，要把知识的形成过程看作是数学能力培养的过程。

（3）抓学习节奏

数学课没有一定的速度就是无效学习，慢腾腾地学习是训练不出思维速度，训练不出思维的敏捷性，培养不出数学能力的。这就要求学生在数学学习中一定要有节奏，久而久之，其思维的敏捷性和数学能力就会逐步提高。

（4）抓问题暴露

在数学课堂中，教师一般少不了提问与板演，有时还伴随着问题讨论。对于那些典型问题或带有普遍性的问题都必须及时解决，不能把问题的症结遗留下来，甚至沉淀下来。在学习过程中，暴露的问题要及时处理，遗留的问题要有针对性的补充，要注重实效。

（5）抓课堂练习，抓好练习课、复习课、测试分析课的教学

数学课的课堂练习时间每节课占 1/4～1/3，这是对数学知识记忆、理解、掌握的重要手段。对此应坚持不懈，这既是一种速度训练，又是能力的检测。对于哪些知识需要补救、巩固、提高，哪些知识、能力需要培养、加强应用，教师在上课时应进行针对性的教学。

（6）抓解题指导

教师要指导学生合理选择简捷的运算途径，这不仅是迅速运算的需要，还是运算准确性的需要。运算的步骤越多，繁度就越大，出错的可能性就会增大。因此，应根据问题的条件和要求，合理地选择简捷的运算途径。这不但是提高运算能力的关键，而且是提高其他数学能力的有效途径。

（7）抓数学思维方法的训练

数学学科担负着培养运算能力、逻辑思维能力、空间想象能力，以及运用所学知识分析问题、解决问题的重任。它的特点是具有高度的抽象性、逻辑性与广泛的适用性，对学生能力的要求较高。只有不断进行数学思维训练，学生的数学能力才能得到培养与提高。

教师要注意，提高学生数学能力的过程是循序渐进的，切不可过焦过躁，学生也要防止急躁心理的出现。有的学生贪多求快；有的学生想靠临时抱佛脚来提高自己的数学能力；有的学生为取得一点成绩而感到沾沾自喜，在遇到挫折后又一蹶不振等等，教师要针对这些实际问题，有针对性地进行教学。数学能力的提高是一个需要长期坚持的过程。知识的积累和能力的培养都是长期的过程。

第五章　初中数学创新思维和创造思维培养

第一节　创新思维的界定和培养重点

一、创新思维界定

（一）创新思维

1. 创新的定义

创新是指以现有的思维模式提出有别于常规或常人思路的见解为导向，利用现有的知识和物质，在特定的环境中，本着理想化需要或为满足社会需求，而改进或创造新的事物、方法、元素、路径、环境，并能获得一定有益效果的行为。

一个产品创新，就是生产一种新的产品，要采取一种新的生产方法，工艺创新。要开辟市场，市场开拓的创新。要采用新的生产要素，要素创新。制度、管理体制、管理机制，制度的创新。创新就是赋予资源以新的创造财富能力的行为。现在"创新"两个字扩展到社会的方方面面。比如理论创新、制度创新、经营创新、技术创新、教育创新、分配创新。当代学生们的学习方法也要创新。

那么对创新有多方面的理解，说别人没说过的话叫创新，做别人没做过的事叫创新，想别人没想的东西叫创新。有的东西之所以叫它创新，就是因为它改善了人们的工作质量，改善了人们生活质量，有的是因为它提高了人们的工作效率，有的是因为它巩固了人们的竞争地位，有的是对经济、对社会、对技术产生根本影响，所以叫它创新。但是创新不一定非得是全新的东西，将旧的东西以新的形式包装，包装旧的东西叫创新。旧的东西以新的切入点叫创新，总量不变改变结构叫创新，结构不变改变总量叫创新。

2. 创新思维的概念

创新思维是指以新颖独创的方法解决问题的思维过程，通过这种思维能突破常规思维的界限，以超常规甚至反常规的方法、视角来思考问题，提出与众不同的解决方案，从而产生新颖的、独到的、有社会意义的思维成果。

创新思维的本质在于将创新意识的感性愿望提升到理性的探索上，实现创新活动由感性认识到理性思考的飞跃。

（二）创新思维的作用

创新是一切事业成功与发展的关键，而一切创新活动，不仅需要知识和经验，更需要创新意识和创新思维。

1. 创新性思维可以为实践开辟新的局面

创新思维的独创性与风险性特征赋予了它敢于探索和创新的精神，在这种精神的支配下，人们不满足于现状，不满足于已有的知识和经验，总是力图探索客观世界中还未被认识的本质和规律，并以此为指导，进行开拓性的实践，开辟出人类实践活动的新领域。

2. 创新性思维可以不断地增加人类知识的总量，不断推进人类认识世界的水平

创新思维因其对象的潜在特征，表明它是向着未知或不完全知的领域进军，不断扩大着人们的认识范围，不断地把未被认识的东西变为可以认识和已经认识的东西，科学上每一次的发现和创造，都增加着人类的知识总量，为人类由必然王国进入自由王国不断地创造着条件。

3. 创新思维可以不断地提高人类的认识能力

创新思维是一种高超的艺术，创新思维活动及过程中的内在的东西是无法模仿的，这内在的东西即创造思维能力，每一次创新思维过程就是一次锻炼思维能力的过程，人们不断地探索前人没有采用过的思维方法、思考角度去进行思维，就要独创性地寻求没有先例的办法和途径去正确、有效地观察问题，分析问题和解决问题，从而极大地提高人类认识未知事物的能力。

4. 创新性思维是将来人类的主要活动方式和内容

目前世界范围内的新技术革命，带来了生产的变革，全面的自动化，把人从机械劳动和机器中解放出来，从事着控制信息、编制程序的脑力劳动，而人工智能技术的推广和应用，使人所从事的一些简单的、具有一定逻辑规则的思维活动，可以交给人工智能去完成，从而又部分地把人从简单脑力劳动中解放出来。

（三）创新思维的特点和机理

创新思维离不开逻辑思维，也要运用概念、判断、推理的思维形式，但其思维过程不

是靠逻辑循序渐进地从经验材料导出假说、概念和理论，而是通过形象化构思、想象和直觉等特有的思维形式，跳跃式地直接抓住事物本质。它依据于经验，又超出了经验，是一种顿悟、直觉性的思维。

创新思维过程的机理，是通过有意识的长期思考，激活潜意识思维。这种潜意识思维活动调动人脑中存储的大量潜意识智能，使潜意识智能处于无序游离态的各类知识单元建立起潜在的暂时联系，从而获得突破思路。人脑储存的知识，有的是通过各种形式的学习，有意识有规律地记忆下来的，称为有意识的智能。这些有序储存的知识，能够用逻辑推理等有意识的思维过程调用。但人脑中更多的知识，是在各种经历中无意识地获得并无序地记忆下来，称为潜意识的智能。这种潜意识智能仅靠逻辑推理思维是调动不出来的，它的激活过程是一种潜意识的思维活动，是在某种条件下的一种顿悟，这种顿悟就是创新灵感。因此，要注意研究灵感。启动潜意识思维活动的条件，是强烈的创新意识和积极的有意识的思维努力。在人们对一个问题长期冥思苦想，达到挥之不去、驱之不散、才下眉梢又上心头的程度时，这种长期有意识的思考便激活潜意识的努力。这种潜意识的思维活动会使处于游离态的无序记忆的知识单元建立潜在的联系，使思维处于一触即发的状态。这时，一旦受到某种启发，潜意识便会打开人的思路，意外地抓住解决问题的契机。因此，创新思维是有意识努力和潜意识努力的结合。其基础是丰富的知识和经验的积累。其激活的前提是积极主动的创新意识和不懈的有意识的思维努力。

（四）创新思维包含的要素

1. 灵感

从创造发明活动来看，创新的进程常常是由思考问题开始的，在思考的过程中，脑海中浮现一个又一个解决问题的方法，或由以前的经验得出，或是自己突然迸发出的灵感，这也就是说，如果运用正确的思维方式对待周围的事物，那每个人都可以在这个过程中获得灵感、捕捉灵感，并将灵感实现以解决我们生活中的问题。

2. 兴趣

兴趣可以驱使着人们向着自己喜爱的目标不断前进，它不会因为遇到挫折而退缩，反而是调动全身力量解决问题。对孩子来说，兴趣可以开发他的智力，促使他对学习、钻研产生积极的情绪。有些兴趣还可以培养孩子的观察力、想象力、注意力和意志力，在这样的力量支配下，孩子的能力就会成长得更快。

3. 预测

预测市场创新思维中的重要因素，也是人们能够控制和把握机遇的重要手段。一般而言，在人们对事情进行解决的时候都会对结果有一个预测，这个预测并不是去猜，而是凭借着自己以往的经验做一个判断。它是人们必须掌握的能力，也是人们在创新过程中必须要对自己所选择的解决方法做结果的估算。

4. 求异性

思维的求异性或求异意识，是指敢于向权威或传统观念挑战。在解决当前问题的已有模式或传统途径之外，独辟蹊径，从已有思路或理论相异或相逆的方面，挖掘一切其他可能的方案，从中寻优，以获得对现有传统理论或方案的突破和创新。求异性常常是历史上获得创新突破成就的人的一个共同的思维特点。

二、创新思维的培养重点

(一) 培养创新思维的重要性

创新是一个民族的灵魂，是一个国家兴旺发达的不竭动力。任何社会的进步和发展，归根到底都与创新有关。科技的创新，不仅推动社会生产力的发展，而且提高国家的综合国力。文化的创新，不仅推动社会实践的发展，而且促进文化的繁荣。若没有创新，就失去追寻真知的可能，因为创新促进对真理的发展；若没有创新，就不能在变化的世界里找到自己的位置，因为创新是对实践的推进；若没有创新，社会主义文化就会凋谢枯萎，因为创新是文化的源泉与动力。不仅如此，创新还是一个民族进步的灵魂，是一个国家兴旺发达的不竭动力，是一个政党永葆生机的源泉，是时代的引擎，是社会发展的动力。只有创新，才能每日"新"，才能提高社会生产力，才能让文化与时俱进，才能提高国家在国际上的综合地位。

(二) 把握教育理念

所谓数学思想，就是对数学知识和方法的本质认识，是对数学规律的理性认识。所谓数学方法，就是解决数学问题的根本程序，是数学思想的具体反映。数学思想是数学的灵魂，数学方法是数学的行为。运用数学方法解决问题的过程就是感性认识不断积累的过程，当这种量的积累达到一定程度时就产生质的飞跃，从而上升为数学思想。若把数学知识看作一幅构思奇妙的蓝图而建筑起来的一座宏伟大厦，那么数学方法相当于建筑施工的手段，而这幅蓝图就相当于数学思想。

1. 明确基本要求，渗透"层次"教学

在教学中，要求学生了解的数学思想有：数形结合思想、分类思想、化归思想、类比

思想、函数思想等。教师在整个教学过程中，不仅应该使学生能够领悟数学思想的应用，而且要激发学生学习数学思想的好奇心和求知欲，通过独立思考，不断追求新知识，发现、提出、分析并创造性地解决问题。在新课标中要求"了解"的方法有：分类法、反证法。要求"理解"的或"全应用"的方法有：待定系数法、消元法、配方法、换元法、图像法等。

2. 从"方法"了解"思想"，用"思想"指导"方法"

在初中教学中，许多数学思想和方法是一致的，只是方法较具体，是执行有关思想的技术手段，而思想属于数学观念，较抽象。所以在教学当中，提高学生对数学方法的理解和应用，达到对数学思想的了解，是使数学思想与方法得到交融的有效手段。比如化归思想，具体表现是从未知到已知的转化。在教学当中，教师通过对具体方法的讲授，可使学生逐步领略数学思想、方法的内涵；同时，数学思想的指导，又能深化数学方法的运用，使"方法"与"思想"珠联璧合，将创新思维和创新精神寓于教学之中，教学才能卓有成效。

（三）遵循认识规律，把握教学原则，实施创新教育

1. 渗透"方法"，了解"思想"

由于初中生数学知识比较贫乏，抽象思维能力也较为薄弱，把数学思想、方法作为一门独立的课程还缺乏应有的基础。因此教师应重视数学概念、公式、定理、法则的提出过程，知识的形成发展过程，解决问题和规律的概括过程，使学生在这些过程中展开思维，从而发展学生的科学精神和创新意识，形成获取，发展新知识，运用新知识解决问题。

在渗透数学思想、方法的过程中，教师要精心设计，有机结合，要有意识地、潜移默化地启发学生领悟蕴含于数学之中的种种数学思想方法。如教二次不等式解集时，可结合二次函数图像来理解和记忆，总结归纳出结合思想，从而比较顺利地完成新旧知识的过渡。

2. 训练"方法"，理解"思想"

数学思想的内容是相当丰富的，方法有难有易。因此，教师必须分层次地进行渗透和教学。这就需要教师全面地熟悉教材，钻研教材，努力挖掘教材，对数学思维方法因素从思想方法的角度做认真分析，按照学生不同的年龄特征、知识掌握的程度、认识能力，理解能力和可接受性能力由浅入深、由易到难分层次地贯彻数学思想、方法的教学。如在教学同底数幂的乘法时，可引导学生研究底数，指数为具体数的同底数幂的运算方法和运算

结果，从而归纳出一般方法，由特殊到一般。在整个教学中，分层次地渗透归纳和演绎的数学方法。

3. 掌握"方法"，运用"思想"

数学知识的学习要经过听讲、复习、做习题等才能掌握和巩固。数学思想、方法的形成同样有一个循序渐进的过程，只要经过反复训练学生才能真正领会。比如，在新概念提出、新知识点的讲授过程中，可以让学生运用类比的数学方法理解和掌握；在学习一次函数的时候，可以用乘法公式类比；在学习二次函数的有关性质时，可以和一元二次方程的根与系数性质类比。通过多次重复性的演示，使学生真正理解、掌握数学方法，进一步培养创新能力。

4. 提炼"方法"，完善"思想"

在教学当中，教师要恰当地对数学方法给予提炼和概括，让学生有深刻的印象。由于数学思想、方法分散在各个不同部分，而同一问题又可以用不同的数学思想、方法来解决。因此，教师的概括、分析十分重要。教师要有意识地培养学生自我提炼，揣摩概括数学思想、方法的能力。

（四）创设适当情景，激活学生思维

数学思维是人脑和数学对象即数与形，思想和方法相互作用并按照一般的思维规律掌握和运用数学的过程。要使学生开展积极的思维活动，在数学教学中教师要把学生引入身临其境的环境条件中，去创设数学思维的气氛，拨动学生思维的琴弦，使其由衷地产生情感和想象，自觉地获取知识，发展能力。要达到这一目的，教师必须充分发挥学生的主体作用，提高学生的主动性和积极性，引导学生自己开动脑筋，进行积极的数学思维活动。这就要求教师在教学活动中想方设法去创设思维情景，以达创新的目的。

1. 精心设疑，创设悬念

"问题"是数学的"心脏"，是思维的出发点，问题的解决本身就是知识再创造的过程。因而在数学的方法教学中，可引导学生积极参与数学学习活动，激发学生的好奇心和求知欲，围绕问题进行积极思考、探索，并敢于大胆质疑，把学习过程变成数学问题"再重现"和"再解决"的创造性思维过程。古人说："学起于思，思源于疑。"创设的情景越有悬念，就越能吸引更多的学生，就越容易激活学生的思维，使学生产生更强烈的、更迫切探知的欲望，自觉迅速地启动思维，探求新知，从而达到培养创新思维的目的。

2. 提供条件，体验成功

体验是人类的一种心理感受，这种感受对于学生思维能力的培养至关重要。一次成功的体验，进而升华学生的数学兴趣，一旦兴趣形成，学生又会殚精竭虑地去钻研数学，产生一种内在的学习动力。教师应以不断的成功体验来唤起学生学习的热情和兴趣，培养其追求成功的心理品质，给学生提供足够的思维空间和条件，设置一种经过努力能达到的目标，让学生尽可能地动脑、动手、动口，让学生自己去探索、去发现、去完成。教师要为学生适时地铺路、搭桥，灵活引导，提供帮助，充分调动学生的积极性，使学生感受"跳一跳，就能摘到果子"的喜悦。教师利用这样的方式，可以使学生的学习兴趣得到持久巩固，思维得到激活。同时，教师适当采取情感上的倾斜，更多地关心、体贴学生，减轻学生的心理压力，能让学生把老师当作真正的朋友，让学生"亲其师而信其道"。教师应采取有效的手段营造和谐气氛，创设适宜情景，引导学生发展，提高数学思维能力。

（五）培养思维的灵活性

思维能力是各种能力的核心，是学生知识发展的最积极因素。教师要培养、发展学生的思维能力，让学生逐渐产生创造性的思维。

1. 培养创新思维的基石就是抓基础

扎实而宽厚的基础知识和熟练的基本思想、方法、技能是形成创新能力的基础。创新意识的核心是创新性思维，而创造性思维是思维过程中量变到质变的飞跃，学生熟练掌握基础知识的思维量达到一定程度时，才能出现创新成果。因此，在教学中教师必须狠抓"三基"（基础知识、基本技能、基本的数学思想方法），让学生领会和接受前人的思维成果、思维方法，为自我创新能力的发展奠定基础。

2. 培养创新思维的突破口是会猜想

猜想是人们根据事物的特性对它的本质属性服从的规律，为发展的趋势或会出现的结果做出一种预测性判断。创新思维的本质就是猜想，抓住猜想这条线，就可以牵动创新思维参与到思维活动中来。没有大胆的猜想，就做不出伟大的发现。因此，在数学教学中，引导学生大胆猜想是培养创新意识的重要渠道，在教学时，教师不能讲得太死板，应留余地让学生先猜一猜问题的规律、解题的方法、问题的结论、隐含条件等。猜想是点燃创新思维的火花。

第二节 在实践教学中培养学生创新思维的策略

一、创新思维的实践创新

（一）激发学生的数学兴趣，培养学生的实践创新思维能力

培养学生的思维能力、实践能力的过程，首先是激发学生的数学兴趣（动情）的过程，其次是启发学生数学思维（动脑）的过程，最后是由独立、合作或在老师指导下自己解决问题（动手）的过程。兴趣是最好的老师，一个称职的教师应深谙此道，在教学上才能收到事半功倍的效果。以下是一些行之有效的激发学生数学学习兴趣的途径。

①及时赶走学习的拦路虎，确保中差学生都能学懂是最直接的途径。如进行分层教学、分层辅导、分层作业，有意识地形成学生良好的认知结构，注意培养学生数学思维的灵活性，注意数学思想和数学方法的渗透，及时排除学生的学习障碍，确保中差学生都有一定的收获。

②突出数学理论知识的实际应用，提高学生应用数学知识的乐趣。如在学生学习三角学、函数、统计学等理论知识时，教师可结合实际案例进行讲解，并积极创造条件，既提高应用数学知识的能力，又增强学生对数学学习的兴趣。

③适当组织开展数学课外活动，激发学生的数学兴趣。通过开展数学竞赛、有奖竞答、解题擂台赛、编题练习、综合调查等形式多样、内容丰富的数学课外活动，鼓励全体学生积极参与，让其在参与中感受数学学习的愉悦，加深数学学习兴趣。

④揭示数学外在美和内在美，引导学生体验数学的美感。教师通过数学知识的教学，引导学生逐步体验数学美的因素，感受数学的外在美和内在美。

（二）挖掘数学"思维体操"功能，培养学生的实践创新思维能力

①把培养学生的数学思维方式作为数学教学的主要教学目标之一。这是因为：首先，数学的思维方式是一种科学的思维方式、一种正确的用脑方式；其次，只有按数学的思维方式学习数学才能把数学学好；再次，培养学生具备数学的思维方式可使学生终身受益，有助于其有效地思考和正确地做事；最后，数学的应用范围日益扩大，不论在自然科学（物理、化学、电子技术等）方面，还是现代生活的各个领域，数学思想和数学方法对人

的发展作用突出。

②挖掘整合数学特有的"思维体操"功能，提高学生科学思维能力。体操训练可使身体健美，数学训练可使思维敏捷。数学活动过程是大脑推理的过程，学生在发展数学逻辑和推理能力的同时，也发展了自身的抽象思维。通过多种推理方法的合理运用，培养学生思维的准确性、深刻性和灵活性。通过对推理过程的表述，培养学生思维的逻辑性、完整性和流畅性。

（三）强化问题解决教学，培养学生的数学实践创新思维能力

在学生的数学实践（应用）能力的构成中，最关键的当数问题解决能力。问题解决学习的最终目的是通过学习有代表性的问题，使学生掌握解题的一般策略，并通过训练形成技能。到初中后，学生已经能够通过审题得到问题的表征——即从问题中识别出已知变量和未来变量、相关变量和无关变量，并明确问题解决所要求达到的目标状态（即"理解题意"），然后在问题得到表征的基础上，进一步提出问题解决的假设，拟定分析思路和方法（即问题解决策略）。常用的问题解决策略包括倒推法和双向法。

（四）开展开放题教学，培养学生的实践创新能力

开放题内容丰富，题材广泛，背景新颖，贴近生活实际，构思精巧，知识覆盖面较大，综合性较强，灵活选择方法的要求较高。开放型问题的解决，具有相当的深度和难度，要求学生要用发散的思维、开阔的思路、灵活的方法运用已有知识，通过观察、归纳、探索和综合等推理过程才能得出结论。

（五）设计有梯度的问题解决教学，培养学生的实践创新能力

培养学生数学创新能力的问题设计难度要适中，可先从学生经验（最好与实际生活有关）入手，适当降低题目的难度，树立学生的自信心，层层递进。

二、创造性思维方法在实践教学中的运用

"最有价值的知识，是关于方法的知识"。学生是教育教学的主体，培养适应社会发展需要的人才是我们的目标，更是我们的责任。针对教学中存在的问题，在教学教法上大胆尝试"创新思维法"，即在充分发挥学生主观能动性的条件下，从多方位、多角度思考或逆向思维提出新思路、新方法、新方案，发现问题多种解答的思维方式。让学生在实践教学中充分发挥主观能动性和创造性，提高学生动手实践能力，培养学生创新精神。

概括地说，在实施过程中，就是以教师为主导，学生为主体，充分挖掘学生的潜能。教师首先要勇于创新，努力成为一名发明创造的探索者和技术创新的实践者，充分发挥教师在教学中"抛砖引玉"的作用。要实现培养学生创新意识、创新精神的教学目的，最直接、有效的方法之一就是教师要以创新观念、创造性思维引导学生启发学生。一方面要大力宣扬做出卓越贡献的科学家、发明家的伟大成就和其对科学的献身精神，来营造一种爱科学、崇尚科学和创新精神的氛围，另一方面，要积极启发激励学生勤于思考，勇于探索，在实践中逐步培养创新能力，使学生的能力和创新实现真正意义上的飞跃。

（一）要求学生勤于思考，求真务实

在现实实践教学中果断地摒弃按部就班、照本宣科的教学方式，做到教师在对问题深入研究、认清本质、把握规律的前提下突出课题重点，抓住实习中的难点，鼓励学生勤于思考，求真务实，最大限度地调动学生的主观能动性，把主要精力放在培养学生观察、分析、解决实际问题的能力上，通过勤于思考的方法，使学生的学习积极性与严谨求实的科学态度融于创造思维、创新方法的探索过程中，学生既能从自己辛勤的劳动中分享成功的喜悦，又在一定程度上感悟新知识、新方法、新技能，从而逐步培养自己运用创新思维方法解决实际问题的能力。

（二）要求学生勇于创新，敢于质疑

创新从思考开始，思考从问题开始，问题从怀疑开始，怀疑将人们引向探索，探索使人们获得真理。这种富有哲理性的推导理论，在教学中得到广泛的使用。在实践教学中应注重引导学生大胆怀疑，敢于提出问题，只有敢于提出问题、勇于探索，才能认识真理，让学生以新思路有创造性地解决问题。

通过开展以培养学生创新精神和动手实践能力为目标的教学实践活动，可以探索一条引导和挖掘学生自身内在潜质和激发学生创新意识、增强创新能力的有效途径，从某种程度上也激励教师对新技术、新工艺、新知识的学习与探索，逐步提高学生创造性地解决实际问题的能力。

三、培养创新思维的新方法

学生数学创新思维的培养可以通过多种方式来体现，思维导图作为一个头脑风暴的工具，教师在为学生建立一个轻松活跃课堂的前提下，通过引导学生对零散知识的梳理和整合，能够培养学生思维的灵活性和流畅性，促进学生数学创新思维的提高。数学教学过程中创造性思维的产生和有效训练主要体现为：发散的联想思维、神秘的直觉思维和缜密的逻辑思维。在教学活动中主要通过对这几种思维的开发以促进学生数学创新意识的形成。

（一）联想思维

联想即扩散思维，是指不拘泥于已有的方式，能够从一个客观事物联想到其他内容，继而将联想的内容整合，从多方面、多角度思考解决问题。本质上联想思维就是指人们遇到问题大脑合理的思考时呈现的一种思维模型，多以树枝状的发散形式来呈现。在数学创新思维的初级阶段，需要学生充分调动思维从多方面思考问题。思维导图恰恰为学生提供了一个能够从多方面思考问题的平台。联想思维的本质构架是从一个单位点延伸到众多的空间点之上，在学习中可以表现为不同学科点间的一种互动联系，而思维导图是从中心出发通过思维的发散进行知识的联想；联想思维与思维导图共同的目标都是分析问题并且解决问题，而思维导图更多的是可以制定学习或者复习计划等。在教育过程中学生最可贵的是丰富的想象力，对事物的好奇心以及对新知识的渴望。在利用思维导图进行学习的过程中，学生可以基于一个知识点进行相关的发散联想。在这个过程中不仅能够让学生对已学的知识进行巩固，而且能帮助学生对知识之间的联系进行统一的整理，从某点知识出发就可以联系相关知识，能够灵活进行知识之间的迁移。

（二）逻辑思维

逻辑思维是指思维的自然的方式，通常被称为抽象思维，是由记忆块导出的思维，是人脑已有的回忆和经验。逻辑思维是一种确定的、有条理、有根据的思维，是思维的高级形式之一。学生依托思维导图为形式工具在梳理知识的过程中，掌握并运用逻辑思维的本质和方法来锻炼自身的逻辑思维能力，它是数学创新思维的核心。

（三）直觉思维

直觉思维，从某种意义上来讲是每个人的灵感体现，强调一瞬间的思路想法，是自身在众多的经验和方法的积累下产生的一种自动的总结归纳出的，甚至是一套完整的规律体系。直觉思维在人们创新的奋斗过程中扮演着重要的角色，直觉思维的产生不是机遇到来的一种体现，更不是空想，而是大量丰富知识积累前提下产生的。判定数学思维能力的高低往往是由人们的直觉思维决定的，数学的抽象性就要求人们在每接触一种新的数学知识时为了能更快地接受理解而依靠直觉思维的帮助，通过思维导图将这种虚无的画面过程具体化地呈现在人们眼前，更快更准地抓住所研究的事物重点。在数学创新过程中，不仅要求逻辑思维，更需要联想思维和直觉思维，三者有机地结合起来，才能在数学教学中成功地培养学生的创新能力，使学生对数学的学习能够形成有条理的梳理，增强学生培养自身数学创新思维的意识。

第三节　创造性思维的内涵与特点

一、创造性思维的科学内涵

创造性思维既可理解为一个相对独立的认识阶段，又可理解为融于整个意识过程之中的思维形式。作为独立的认识阶段，创造性思维主要存在于认识的高级理性加工阶段，既是人的心理活动的高级进程，又是人的理性认识活动的最佳境界。它直指事物的本质和规律，形成理论思维或以揭示事物的本质和规律为基础，将经验思维和理论思维结合起来，按照主体的内在目的的需要，把内在尺度运用到现实客体的尺度，以构建或创造理想客体。作为渗透于整个意识过程中的思维形式，创造性思维又存在于各种意识形态中，即既存在于感性认识活动之中，又存在于理性认识活动之中；既存在于理性思维中，又存在于非理性思维中。因此，人的整个意识活动都具有某种程度的创造性。人的产生和发展是自然界生物进化和劳动实践双重作用的结果。

创造性思维是适应自然界的创造性的特性的产物。作为创造性思维的来源与对象的自然界，是一个开放的创造性的无限过程。自然界存在着无限事物演化的时间和空间，这使人类的创造性思维大有用武之地。可以使其结果既反映对象的既成状态，又反映对象的种种潜在可能性，在观念中建构多种可能世界。创造性思维活动是符合宇宙规律的活动，其产生的结果是在现实的认识能力和给定的条件下，根据人的需要，把人的内在尺度和外在尺度结合起来，表现和实现自然界新的可能性，或把自然的可能性经人工组合或目标设计后形成新事物。

社会实践是创造性思维产生和不断强化的现实基础。就可能性而言，人是一个永远未完成的存在物。人除了辩证法规定的发生、发展到灭亡的界限外，永远也不会满足于某种已经获得的规定性。之所以如此，其精神动因就在于人的思维，尤其是创造性思维。创造性思维不断产生创新知识来丰富人的本性，以便使人适应自然界的创造性的特性。然而，人的创造性思维就其产生和强化的现实基础而言，只能是社会实践。人作为社会活动的、实践的存在物，总是通过自己的实践活动再生产、再创造自己的新的存在状态和新的特性与本质，包括再生产和再创造着创造性思维及其他思维的内容和能力。就是说，创造性思维虽是适应自然界创造性的产物，有其产生的自然基础，然而，它又不是自然过程自发的产物，而是人在处理与外部世界的多重关系中，由人的实践活动创造出来的。而基于实践的创造性思维，又凭借着实践动力的不断强化，在反映世界的过程中，以各种符号形式创造出一个从无到有、从少到多、从量的增长到质的飞跃的知识世界。自然界由于其本质和规律的支配，潜藏着表现其本质和规律的无限特殊形式的可能性。然而，这些特殊形式单纯靠自然界自身的进化，恐怕有的永远也变不成现实。因为产生这种特殊物质形态的条件非常复杂苛刻，很难恰巧促成。自然界正是通过人这个中介，凭借着创造性思维和社会实践力量，才使自己的深刻内涵得到了丰富和展现。试看今日人化自然的一切，到处都折射着人的创造性思维之光，凝聚着人的智能。

创造性思维最重要的思维特征是创新性思维。强调在思维过程中，勇于破除陈旧的思维定式，不囿于常规束缚来发现和解决问题的思维特性。创造是确立性的、革新性的，创造性思维是主体既有的知识、能力、天赋、洞察力、直觉能力等向外部现实超越的过程，也是主体的鲜明个性"外化"的过程。这个思维过程往往是在破旧立新中进行的，而"破旧"又是为了"立新"。因而，创造性思维主要是以思维结果对原有知识有无超越，是否产生新观点、新知识作为判断标准的。当遵循固定的思路和程序反映对象遇到难以克服的障碍时，思维定势反而会束缚主体的思想，延滞问题的解决，使主体的思维活动陷入困境。创造性思维强调对现实的反思和再认识，通过全面地审查自己和他人的思维而重新理解世界，并由此形成自己独到的见解。而这种新奇、独特的认知方式，往往能别出心裁地对各种复杂的环境进行综合概括，产生与常规思维不同的、新颖奇特的创造性成果。需要指出的是，创造性思维无论如何强调思维的创新性和方法的独特性都必须立足于客观现实。必须以客观性作为根基，而不是与客观现实毫无关系的主观臆想，必须源于现实而又高于现实。人类今天凭借创造性思维创造的一切成果，都是物质世界所蕴含的，都有其客观基础，符合事物的本性和客观规律，都不是主观臆想的结果。真正的创造性思维，既自由纵横，又不失理智；既浮想联翩，又立足现实。总之，创造性思维一定要以客观现实世界的需要与发展作为"定向"的目标，并以实践去检验和调节目标。如此，才能使创造性思维有效地进行而不至于陷入迷途。基于此，创造性思维的内涵可概括为四个层次。第一，它是凭借情感、意志、想象和顿悟等形式，以提供思维动机、调控思维目标、重组思维中的感性表象、瞬显新思维结果的思维方式。第二，它是运用已知的感性和理性知识创造性分析问题、解决问题的思维方式。第三，它是运用已知科学知识或理论去探索、分析新问题、解决新问题，获得新结论的思维方式。第四，它是凭借坚实的经验思维和严谨的

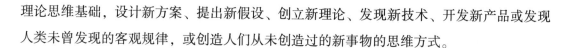

理论思维基础，设计新方案、提出新假设、创立新理论、发现新技术、开发新产品或发现人类未曾发现的客观规律，或创造人们从未创造过的新事物的思维方式。

二、创造性思维界定

创造性思维可以理解为主体在强烈的创新意识驱使下，通过发散思维和集中思维，运用直觉思维和逻辑思维，借助形象思维和抽象思维等思维方式，对头脑中的知识、信息进行新的思维加工组合，形成新的思想、新的观点、新的理论的思维过程。通俗地说，凡是突破传统习惯所形成的思维定式的思维活动，都可以称为创造性思维。创造性思维是一种突破常规的思维方式，在很大程度上是以直观、猜测和想象为基础而进行的一种思维活动。这种独特的思维常使人产生独到的见解和大胆的决策，获得意想不到的效果。

人们对创造性思维的某些方面认识还没有完全统一。理解创造性思维的含义还要注意以下几点。

第一，创造性思维是复杂的高级思维过程，并不是脱离其他思维的另一种什么特殊的思维。

第二，创造性思维是多种思维有机结合的产物，而绝不是多种思维机械相加的结果。而且，在不同的创造性思维活动中，总是以某一种思维为主导而进行的。

第三，创造性思维固然有其独有的活动规律，但也必须遵循其他思维的活动规律。因而，可以说创造性思维本质上就是各种不同的思维方式的对立统一。

（一）创造性思维是集中思维和发散思维的对立统一

集中思维是指人们解决问题的思路朝一个方向聚集前进，从而形成唯一的、确定的答案。发散思维则是指人们解决问题时，从某一特定目标出发，思维向外辐射，沿着各种不同的途径和方向，从多角度、多方面思考、想象，从而探索多种多样的设想和解决问题的办法，即产生大量的独特的新思想。因此不少人认为，创造性思维只包含发散思维，这是很不完全的。发散思维可以使人的思路活跃，提出各种各样的待选方案，特别是它能提出出乎意料的独特见解。然而，如果仅停留在发散思维阶段，那么就会使人犹豫不决，不易抓住问题的本质和关键，达不到创造的目的，所以创造性思维还应包含集中思维，是发散思维和集中思维的对立统一。这种对立统一关系主要表现在以下几方面。

第一，只有集中了才能发散。由于问题的产生大多是集中思维的产物，所以，集中是为了更好地发散。

第二，只有发散了才能进一步集中。人们为了寻求独创性的设想，常常任自己的思想自由发散，但是，发散的结果并不都是有价值的，往往有相当多的谬误，所以，大量发散还要通过集中导出正确的结论。

第三，发散度高，集中性好，创造水平才会高。我国教育长期以来较重视集中思维的培养，对发散思维重视不够，今后应对发散思维的培养予以足够的重视。

（二）创造性思维是逻辑思维和直觉思维的对立统一

逻辑思维是严格遵循逻辑规律，逐步分析与推导，最后得出合乎逻辑的正确答案和结论的思维活动。直觉思维是一种没有完整的分析过程与逻辑程序，依靠灵感和顿悟，快速地做出判断和结论的思维活动。直觉思维可以创造性地发现新问题、提出新概念、新思想、新理论，是创造性思维的主要形式。

当然，逻辑思维与直觉思维相互促进、相互联系，逻辑思维是直觉思维的基础，直觉思维是高度成熟的逻辑思维的产物。没有直觉思维作先导，难以提出新问题、新设想，可以说，直觉思维在创造活动中起着决定性作用。但新思想、新设想提出之后，仍需要用逻辑思维进行推理和论证，因此，不能排斥或贬低逻辑思维在创造活动中的作用。事实上，整个创造性思维的发展都是在逻辑思维和直觉思维的交叉状态下进行的。

（三）创造性思维是抽象思维与形象思维的对立统一

抽象思维是舍弃非本质属性，抽取出事物本质属性的思维过程，形象思维是凭借事物的具体形象和表象的联想、想象来进行思维的活动。形象思维在创造性思维活动中所起的作用在于创造想象参与思维过程，使思维活动能够结合以往的经验，在想象中形成创造性的新形象，提出新的假设，创造想象参与思维过程是创造活动顺利开展的关键。

抽象思维和形象思维相辅相成，缺一不可，形象思维是抽象思维的基础，抽象思维是形象思维的发展。在基础教育阶段，从小学、初中到高中，学生的思维方式逐步由形象思维为主变为抽象思维为主，因此，创造性思维能力的培养是基础教育不可忽视的内容。

由以上分析可见，发散思维、直觉思维和形象思维在创造活动中起着非常重要甚至是决定性的作用，但创造性思维也离不开集中思维、逻辑思维和抽象思维，创造性思维正是这些不同思维方式的对立统一。

三、创造性思维培养的要点

（一）从世界观的高度进行专业课教学

人们认识事物所表现出的循序渐进、由浅入深、由感性到理性的规律证明：大脑认识事物具有明显的层次性。思维科学又根据这些层次来划分智力层次。一般来说，聪明、机灵、技巧都是大脑浅层次的思维活动，只有智慧才是深层次的活动。创新是复杂的智力活动，其思维当然是智慧型的。浅层次的活动能力可以通过一般智能教育和技术训练达到，而智慧的培养却是古今难题。根据现代思维科学的探索和论证，比较一致的看法是从哲学和基础理论上进行教学培训，就是把专业课程提高到世界观的高度进行教学。这种要求的可行性在于，任何一门学科，只要够得上理论体系的都有五大层次，即本学科的哲学体系、基础理论、应用原则、实用技术和发展史。这种构成提供了智慧教学的可能性。只要深入分析，理清层次，讲辩结合，双向交流，逐步进行，智慧教学是可以办到的。

（二）培养正确的真理观

创造性思维对真理强烈追求的愿望，可以冲破现有概念系统和习惯定式，激发丰富的想象力和探索精神。但是，这种追求不是凭空产生的，而是来源于对现有专业和概念系统的深刻理解。尊重现有专业、吃透现有专业仍是创造性教学的必然要求。任何发明创造都是在汲取和借鉴前人的既创成果的基础上而取得的。学习现有知识的目的在于创新突破，而不是抱残守缺。为此，在创造性思维教学中还要解决真理观的问题。辩证唯物主义的真理观是科学的、正确的。其基本内涵是，尊重实践，实事求是，坚信现有的一切科学成果，无论多么伟大都没有结束，而是开辟了通往真理的道路。在实践中，还是要以客观规律作为判断是非的标准，排除主观随意性。

（三）注重开发创造思维的动力

达尔文把影响其创造生涯的个性归结为"有强烈而多样的兴趣，沉溺于自己感兴趣的东西，深刻了解任何复杂的问题和事物"。这段话体现了创造思维的几个动力因素：①强烈、多样的兴趣，而不是孤陋寡闻；②沉溺于兴趣，锲而不舍，不是朝秦暮楚；③对复杂的事物深入研究，而不是走马观花，浅尝辄止。关于兴趣，表面上好像源于人类好奇的探索天性，但是，它的发生不管有多少偶然条件，追溯其原始动机的本质都与生存需求密不可分。意识到需求和利益的自觉兴趣能升华为责任，成为理想追求。不自觉的兴趣表现为好奇，成为个人偏爱。因此，教学中开发创造思维的动力，应当从社会利益和个人利益的结合上，使兴趣责任化，并将其转化为自觉成分，进而增强其专注性和博采众家的主动性。竞争意识和危机感也可激励人奋发图强，进而转化为高度责任感和兴趣取向。特别是面对新世纪对国家命运和个人职业的各种挑战，尤其需要高度的责任感，并转化为兴趣取向。

（四）开发多学科的复合思维能力

创造思维的表现形式似乎显示在单个专业内部研究上，其实不然。当今世界的高科技创新成果，无一不是众多学科技术相互渗透、协作才取得的。所以，创造性思维的内涵，也是随时代的发展，由相对单一的专门研究提升为多学科协作的复合型思维。这就要求在学科培养中提倡专博结合，从根本上扭转由课程设置单一而导致思维狭窄的局面，注重多种能力的综合开发。在学科教学中，注意培养好奇心和求知欲、观察和实验能力、归纳和概括能力、类比和猜想能力、坚持己见和吸取他见的能力，并逐步升华为系统怀疑和独立创新的研究能力。总之，创造能力的培养是全新的课题，在素质教育中的中心地位是无可替代的。培养创造性思维是素质教育的灵魂。

第四节　影响创造性思维的因素

一、认知因素

（一）良好的认知结构是形成创造性思维的基础

所谓认知结构，是学习者头脑里的知识结构，是学习者观念的全部内容和组织。即认知结构不仅包括全部知识，而且还有这些知识的内部组织方式。数学认知结构，是人们在对数学对象、数学知识和数学经验感知和理解的基础上形成的一种心理结构，或者说，是人们通过自己的主动认识在头脑中构建起来的数学知识结构，是数学知识的客体与主体认识相结合的产物。通俗地说，数学认知结构就是人们按照自己的经验与理解，根据自己的感知、记忆、思维的特点，把数学知识在头脑中组合而成的具有内部规律的整体结构，可见，数学认知结构与数学知识结构是两个不同的概念。数学知识结构是数学课程与教材的知识组织体系，是数学科学的系统性与科学性的反映，既可以用概念、原理和法则的结构与层次描述出来，也可以用图式描述出来，它是一种客观存在，数学知识结构虽然是形成数学认知结构的客观基础，但数学认知结构并非数学知识结构的直接反映，实际上，由于人们对数学知识在感知、理解、选择和组织方面的差异，同样的数学知识结构在不同人的头脑中会形成不同的数学认知结构。因此，数学认知结构受个体认知特点的制约，具有浓厚的认知主体性与强烈的个性色彩。

知识是人们吸取新知识、解决问题的基础。世界上任何发明创造都开始于原型启发，都建立在相应的、一定的知识经验之上。创造实际上就是知识在较深层次上的重新组合。没有知识或知识组合，人的正确观点就难以形成，创造发明也无从谈起。一个没有丰富的数学基础的人，不可能成为一流的数学家，因此，一方面知识是创造力的条件，知识越丰富，产生新设想、新观念的可能性就越大，创造力也就越高。另一方面，创造力是一种特殊的能力，它能把已知的信息包括有联系的知识和经验，甚至无联系的知识经验，通过加工、改造或联想，组成适应于某种要求或用途的新组合，引出正确的结论，创造出新的知识。也就是说，一个人过去获得的知识越多，越有可能对新问题有创见，即创造力越高。对于某一事物了解的意义越多，具备的知识越丰富，那么思考时就能从更多的方面、层次、角度来考虑，灵活性、变通性就越大，创造性观念也越容易产生。

（二）迁移在创造性思维中的作用

一种学习对另一种学习的影响称为迁移。先前学习对后继学习的影响称为顺向迁移，后继学习对先前学习的影响称为逆向迁移。

现代认知结构观点的迁移理论认为：一切有意义学习都包括迁移，学生的认知结构是有意义学习最关键的因素。严格地说，两种学习之间并不直接发生影响，而是通过原有的认知结构间接的影响。

从数学认知结构的内部来看，数学认知结构的发展方式主要有同化和顺应。同化导致认知结构的分化和精确化，顺应导致数学认知结构的调整。无论同化还是顺应，都能使认知结构更加趋于完善，从而实现数学认知结构的迁移。学习数学知识是在原有的数学认知结构基础上将新知识纳入原有的认知结构中去，重新组织与发展认知结构的过程。学生凭借原有认知结构的迁移，在新的更高一级的基础上，构建新的认知结构，从而不断地获得新知识。对于具有不同的原有认知结构的个体，在相同信息的刺激下会产生不同的心理活动，就是因为其原有认知结构的层次和水平不同而反映出对信息的选择、整理加工的能力不同的结果。可见，数学认知结构的迁移有利于数学创造性思维能力的形成与发展，而数学创造性思维能力的发展又会促进数学认知结构的发展。

二、个性因素

(一) 动机在创造性思维中的作用

动机是激发和维持个体的活动，并使活动朝向一定目标的内部心理倾向和内部动力。动机对行为、活动具有激活和维持的功能，任何行为、活动的产生和维持都离不开动机，动机是各种行为、活动的直接推动力。

创造活动也是人类活动的一种，自然和所有的活动一样，需要动机来激发和维持。但创造活动不同于一般的活动，而是一种产生新观念的特殊性活动，因此，所需要的动机也与一般活动的动机有所不同。创造活动要求创造主体必须具备顽强的毅力、持久的恒心、不惧困难的决心、敢于怀疑和创新的勇气和刻苦钻研的工作精神，也就是说，个体进行创造活动要比一般活动付出更大的代价，花费更多的精力，需要更强的自制力。而要做到这一点，个体没有强烈并且适当的动机是根本不可能的。

(二) 兴趣

兴趣是指以特定活动事物以及人的特性为对象，个人在积极的、选择的爱好倾向上所产生的情绪紧张态度。兴趣表现为一个人积极探究某种事物或从事某种活动的认识或意识倾向，这种倾向是和一定的情感体验联系的。创造的自身特点，需要创造者有明确健康的兴趣，还应有较广泛的兴趣。兴趣与创造性思维有密切的关系。

首先，科学本身、大自然本身和创造本身都有其客观的内在美。而凡是美的东西，都容易引起人们的兴趣和追求。其次，创造的成果和成就使人兴奋、快乐，从而产生兴趣。再次，创造活动能满足一个人的自尊心与荣誉感。最后，创造活动能满足人的好奇心，兴趣在创造活动中的作用是巨大的。

兴趣在创造中的作用主要表现在以下几个方面。

①兴趣可以使人善于创造条件，适应环境，对创造活动充满热情。兴趣可以扩展一个人的眼界，丰富人的心理活动内容，并推动人去积极活动，表现出人的个性积极性，为创造活动去创造条件，多方面的兴趣能在创造中应对多变的，甚至与己不利的环境。

②兴趣对丰富知识、开发智力有重要意义。人的早期兴趣对其未来活动可以起准备作用，这种最初的兴趣往往为进一步的学习打下基础，为智力发展确立方向。兴趣是一种具有浓厚的情感的志趣活动，可以使人集中精力去获取知识，并开始创造活动。

③兴趣有助于创造成功。创造不仅需要强烈的创造兴趣，还需要广泛的多样兴趣，科

技工作者只有知识面宽，兴趣广泛，才富于观察力和想象力，思考问题才有广阔的背景。一个人对创造发生了兴趣，那么在接触创造的过程中，必然会体验到一定的积极性的情感。兴趣总是和注意以及积极性情感相联系的。而注意和积极性情感都会使大脑有关部位处于兴趣状态。

（三）创造热情

热情是一种强有力的、稳定而深刻的情感，即对党、对祖国深沉的爱，为实现四个现代化而献身创造的强烈的情感。热情是掌握整个人的身心、决定一个人思想行为的基本方面的情感。热情不如激情爆发时强烈，但比激情深刻而持久；热情又不如心境广泛和细腻，但较心境强烈深刻而稳定。创造比其他事业更需要热情。

三、环境因素

环境对个性心理的发展有着极大的影响。所谓环境，一般是指家庭、学校以及社会历史和文化背景等。良好的环境可以促进学生创造力的发展，而不良的环境则会抑制学生创造力的发展。

（一）家庭

家庭是社会的细胞，随着社会的发展，家庭形式也在发生着变化。有关家庭特征、家庭教育方式、家长期望对学生创造力影响的实验研究共同表明，家庭是影响学生创造力发展的一个重要因素。

（二）学校

在学生创造力的发展过程中，学校较之家庭来说，具有更为重要的意义。学校教育是一种有目的、有组织、有系统的教育，在影响学生创造力的发展、潜能开发的诸因素中居主导地位。在教学过程中，教师的教在很大程度上决定了学生的学。一方面，学生创造力的发展具有极大潜在可能性，教师的教学工作可以促使学生的这种潜在可能性向现实性转化。另一方面，教师本身所具有的能力结构和性格对学生的发展也产生着潜移默化的影响。民主型教师的典型特点是：①和集体共同制定计划和作出决定；②在不损害集体的情况下，乐意给个别学生以帮助、指导和援助；③尽可能鼓励集体的活动；④给予客观的表扬与批评。民主型教师尊重学生人格，尊重学生的思路，珍视学生思维中的闪光点和合理因素，给学生巨大的创造动机与热情。

第五节 在数学中培养学生的创造性思维的策略

一、如何在教学过程中培养创造性思维

数学，"思维的体操"，理应成为学生创造性思维能力培养的最前沿学科。为了培养学生的创造性思维，在数学教学中我们尤其应当注重尊重学生的独立思考精神，尽量鼓励他们探索问题，自己得出结论，支持他们大胆怀疑，勇于创新。

（一）注重发展学生的观察力，是培养学生创造性思维的基础

任何思维，不论它是多么抽象的和多么理论的，都是从观察分析经验材料开始。观察是智力的门户，是思维的前哨，是启动思维的按钮。观察得深刻与否，决定着创造性思维的形成。因此，引导学生明白对一个问题不要急于按想的套路求解，而要深刻观察，去伪存真，这不但为最终解决问题奠定基础，而且，也可能有创见性地寻找到解决问题的契机。

（二）提高学生的猜想能力，是培养学生创造性思维的关键

猜想是由已知原理、事实，对未知现象及其规律所做的一种假设性的命题。在数学教学中，培养学生进行猜想，是激发学生学习兴趣，发展学生直觉思维，掌握探求知识方法的必要手段。要善于启发、积极指导、热情鼓励学生进行猜想，以真正达到启迪思维、传授知识的目的。启发学生进行猜想，作为教师，首先要点燃学生主动探索之火，决不能急于把自己全部的秘密都吐露出来，而要"引在前"，"引"学生观察分析；"引"学生大胆设问；"引"学生各抒己见；"引"学生充分活动。让学生去猜，去想，猜想问题的结论，猜想解题的方向，猜想由特殊到一般的可能，猜想知识间的有机联系，让学生把各种各样的想法都讲出来，让学生成为学习的主人，推动其思维的主动性。为了启发学生进行猜想，还可以创设使学生积极思维、引发猜想的意境，可以提出"怎么发现这一定理的？""解这题的方法是如何想到的？"诸如此类的问题，组织学生进行猜想、探索，还可以编制一些变换结论，缺少条件的"藏头露尾"的题目，引发学生猜想的愿望，猜想的积极性。

（三）练就学生的质疑思维能力，是培养学生创造性思维的重点

质疑思维就是积极地保持和强化自己的好奇心和想象力，不迷信权威，不轻信直观，

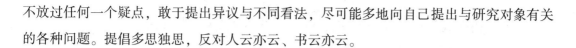

不放过任何一个疑点，敢于提出异议与不同看法，尽可能多地向自己提出与研究对象有关的各种问题。提倡多思独思，反对人云亦云、书云亦云。

（四）训练学生的统摄能力，是培养学生创造性思维的保证

思维的统摄能力，即辩证思维能力。这是学生创造性思维能力培养与形成的最高层次。在具体教学中，一定要引导学生认识数学作为一门学科，它既是科学的，也是不断变化和发展的，它在否定、变化、发展中筛选出最经得住考验的东西，努力使其形成较强的辩证思维能力。也就是说，在数学教学中，要密切联系时间、空间等多种可能的条件，将构想的主体与其运动的持续性、顺序性和广延性的存在形式统一起来作多方探讨，经常性的教育学生思考问题时不能顾此失彼，挂一漏万，做到"兼权熟计"。这里，特别是在数学解题教学中，要教育学生不能单纯地依靠定义、定理，而是吸收习题的启示，拓宽思维的广度。在教学中启发学生逐步完成某个单元、章节或某些解题方法规律的总结，培养学生的思维统摄能力。

二、探讨培养学生的创造性思维策略

（一）创设问题情境，激发创造诱因

教学实践中，积极寻找可使学生产生数学化的问题，把大量的数学题材置于学生所熟悉的生活情境之中，善于正确引导，鼓励学生大胆质疑，大胆发表见解，展开争论，识别真伪，从而逐步使学生养成敢想敢问的习惯，诱发学生的创造动机，增强其发现问题、提出问题的能力，促使其以探索者的身份去发现问题、探索规律、获取成果。

通过情景的创设激发学生强烈的求知欲望，也可以鼓励学生分组讨论，各自发表见解，提出新奇而富有挑战性的问题，敢于标新立异，这样不仅能训练学生思维的深刻性，也能培养他们的创新性。

（二）尊重并保护学生的思维创意

在大力推行素质教育的今天，课堂教学必须突出学生的主体地位，学生的思维活动紧张、活泼是课堂教学的主要目标之一。这就要求教师尽量保护学生的思维活动。对学生的思路、观点，如果是正确的，一定要给予明确的并且积极的评价；如果是错误的，一方面要通过反例或说理使学生明白其错误的确定性，另一方面还要从其思维中可取的方面给予积极的鼓励。

（三）展现数学创造思维过程，促进学生思维能力的形成

数学教学不仅要教给学生数学知识，还要揭示其获取知识的过程，后者对发展能力更为重要。让学生看到思维过程，意在使学生能从教师的分析中懂得怎样去变更问题，怎样引入辅助问题，怎样迂回障碍，使之柳暗花明，得到成功的喜悦。在教学实践中，要十分注重展示数学概念、公式、定理、法则的提出过程，尽可能多地让学生参与知识的形成、发展过程，参与解题思路的探索过程，解题方法和规律的概括过程，而不是过早地把结论简单地告诉学生，以培养其思维的探索性。

（四）解题教学灵活多变，开拓思路

数学解题是数学学习中的主要内容，也是形成创造性思维能力的重要途径。通过多种形式的解题训练，鼓励学生在动态中思维，主动探索，用多种思路、多种方法解决问题，能加强学生对知识的巩固和深化，提高学生解题的技巧和分析、归纳、综合能力，增强学生思维的变通性、创新性。

①一题多解。在数学解题过程中，鼓励学生善于多层次、多角度地思考问题，运用不同的数学公理、定理和数学方法解同一数学题。

②多题一解。许多数学题虽然题型各异，表面上看没有什么联系，但它们的解题实质、解题思路往往是一致的。对这类题进行训练，可以培养学生思维的收敛性，促进学生知识和方法的迁移，达到举一反三的教学效果。

③一题多变。适当变换习题的条件、所求问题或习题结构，使之形成更多的有价值、有新意的问题，使一题变成多题。学生在解这类题的过程中，思维能力会随着问题的不断变换、不断解决而得到不断提高，有效地促进学生思维的敏感性和应变性。

三、培养创造性思维的途径

（一）培养学生独立解决问题的能力

独立解决问题是创造性思维的核心，是建立在独立思考的基础上，绝非是"人云亦云"。培养学生独解决问题的能力，应尊重学生作为学习的主体的地位。在教学中尽量调动他们探索问题、大胆质疑，支持其不局限于"老师说的""书上写的"，哪怕学生真的错了，也要对这种精神给予适当鼓励。一定不能把学生当成填充知识的容器，要培养一批敢于为了自己提出问题和看法与老师不同而大胆争论、坚持自己观点的学生。切忌把学生

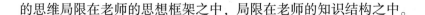

的思维局限在老师的思想框架之中，局限在老师的知识结构之中。

（二）培养学生灵活解决问题的能力

独立解决问题，并不排斥探索解决问题的灵活性。通常情况下，这种灵活性常常表现思维的联动性和多向性，即"由此及彼""广泛迁移"的跳跃式思维，它是以大脑神经高度兴奋为基础的。因此在课堂教学中不要局限于把问题讲明白就万事大吉了，而应该着眼于解决问题的方法和为什么要用这种方法，是否还有其他方法的训练上，使学生达到"知其然并知其所以然"。在教学中要经常总结归纳不同的解决问题的方法之间的共性和个性，比较不同方法的优劣，寻找最优方法，鼓励学生集思广益，而把学生多种多样的思路生搬硬套的纳入老师思路的做法是不可取的。

（三）激发学生的好奇心和求知欲

教师在教学的过程中应善于设疑，把学生的好奇心转移到探索学科知识上，使这种好奇心升华为求知欲。这就要求教师在具体的教学过程中，要根据学生不同水平和特点采取适当的方式启发学生积极思考，让学生主动地探索解决问题的方法，培养学生的学习兴趣和刻苦钻研问题的毅力。如曹冲称象的方法产生的思想依据是什么？以此激发学生的好奇心和求知欲，而对于所学的内容产生兴趣，并有强烈解决问题的愿望。

（四）培养学生求异创新能力

求异创新是创造性思维的灵魂，其目的就是发现新事物，解决新（老）问题。这就要求学生具有根据所学的有关知识产生想象的能力。教师在教学过程中要重点培养学生心智活动敏捷，不受原有经验和思维定式的约束，多方向、多角度地思考，并能在思考中独辟蹊径，对问题有独到的见解，敢于打破常规、标新立异，根据所学知识进行综合加工，大胆求异。在一般人想不到的领域内，得到特殊的"灵感"，才有可能创造出奇迹来。

（五）培养学生的综合能力

一般来说知识掌握得越多，经验越丰富，想象的空间就越大。任何人的创造不可能是一种和前人的经验及其他人的结论没任何联系的孤立的思维活动。一般是在他人的基础上综合加工、探索突破而成的，如果没有这样的综合加工，也就没有这种突破。所以教师在日常教学中要培养学生如何把大量的概念、结论、实验，以及对课外的阅读等多方面内容综合在一起，加工整理成更简明、更深刻的系统材料的能力，进而增强其创造性思维能力。

第六章 初中数学教学中应用思维导向的策略

第一节 数学教学思维导向概述

一、数学教学思维导向的含义

所谓导向，作动词讲意为"使事物向某个方向发展"。所谓思维导向，从教学理念上讲，它表现为一种教学倾向性，即以发展学生的思维能力为目标的教学倾向；从教学实践上讲，它是指教师引导着学生的思维向着形成良好思维结构的方向发展。而良好的思维结构的形成是以良好的认知结构为基础的。因此，在教学中发展学生的思维能力，不仅要重视基本知识的教学，更应加强基本技能的教学。并在以具体知识和技能为载体的教学中，发展学生的思维能力。

教师在教学中作为学生学习的"向导"，要实现对学生思维活动的导向，这意味着：①教学过程是有方向和目标的；②教师相对于学生而言，具有认识上的先在性；③学生具有独立探究问题的潜力和可能。在思维导向教学中，教师的角色应是学生学习的助手和思维的向导，教师的任务是引导和帮助学生去进行这种再创造的工作，而不是把现成的知识灌输给学生。因此，思维导向意义下的教学，不再是简单意义上的"教师教、学生学"，而应该是"教学生'学'"，教学生学会判断"学什么"并知道"怎么学"。

要实现"教学生'学'"，教师要思考的首要问题是将学生的思维"导向何方"，要思考的关键问题则是"如何启发引导"。在思维导向教学中，教师教学的重点不是教知识，而是要教会学生独立地获取知识。教师的思维导向教学就是通过以知识为载体的、师生共同的探究过程，通过教师对学生思维活动的启发和引导，帮助学生获取知识、领悟方法、学会学习。在这个过程中，学生应该学习具体的学科知识、理论、思想、方法和科学研究的一般方法，并通过这些知识、理论、思想、方法的学习学会如何建构新概念、新方法。

落实到数学教学上，思维导向意义下的数学教学要求教师通过与学生共同提出数学问题、经历数学探究、发现数学结论、感悟数学思想方法，在建构数学新知识、新方法的过程中教会学生数学研究的新方法，并帮助学生运用所学到的数学知识、思想方法去建构更多的新知识、新方法，所以，数学教学思维导向即是指数学教师在数学教学中，以数学知识为载体，通过对学生的思维活动的启发和引导，培养学生的数学思维和科学思维习惯，发展学生的数学思维能力和一般思维能力，形成初步的数学研究和科学研究能力。

二、数学教学思维导向的基本特征

思维导向的核心是教师对学生的思维活动的启发和引导。从教师教学的视角分析，思维导向意义下的数学教学，具有情境设计的指向性、教学过程的探究性、教学语言的启发性和教学内容的思想性等基本特征。

（一）情境设计的指向性

学生的数学学习内容应当是现实的、有意义的、富有挑战性的，这些内容要有利于学生主动地进行观察、实验、猜测、验证、推理与交流等数学活动。数学学习是一个建构的过程，数学知识的建构与其产生的背景有关。数学知识是情境化的，学生对数学知识的理解和运用离不开其发生发展的背景和适用的范围。注重数学教学的情境化设计，加强数学与学生生活的联系，已成为数学课程改革的一个热点问题。

毋庸置疑，创设适度的、有趣味性与生活味的数学情境，可以激发学生学习的内在需要，提高教学效率。然而，在创设数学情境时，由于部分老师过于强调趣味性和生动性，忽视了情境的数学本质，偏离了数学教学的目标，以至于"情境创设热热闹闹、教学效果马马虎虎"，造成对多媒体技术的滥用和误用。因此，在数学教学中，情境创设不在于情节的有趣、色彩的斑斓和动漫的精巧。那种看似热闹，有趣的情境，往往有哗众取宠之嫌，而无教学之功。

要实现对学生的思维导向，关键在于情境的"指向性"，也就是教学情境与教学内容的相关性。情境创设不仅是为了有趣，而且要指向数学教学的目标，突显数学对象的本质。数学教学的情境设计，要有利于师生从情境中探索、发现研究的目标，提出达成目标的数学问题。数学教学的情境设计要简单、具体、明了，要有助于学生通过对数学情境的观察、概括、抽象等思维活动，实现由情境到目标的数学活动过程，体现出数学知识和数学思维的自然发展，并促进学生的数学思维的自然发展。

同时，数学情境设计要关注学生的认知发展水平，要结合学生的生活实际和已有的数学知识和活动经验，发挥教师对学生学习的启发和引导作用，让学生能在情境中积极思考、体验感悟。具体来说：数学概念教学的情境设计，要使情境反映出数学概念的本质；

数学命题教学的情境设计，要揭示数学知识发生发展的基本历程和关键步骤；数学解题教学的情境设计，要暗示问题解决的思路与方法，给学生以线索的暗示、思维的启迪和方法的引领；数学思想方法教学的情境设计，要充分揭示数学知识背后的思想方法，并让学生体验和感悟数学思想方法和科学研究方法的意义和价值。

综上所述，情境设计的指向性是数学教学思维导向的基本特征之一。在思维导向的数学教学中，创设与实际生活相联系的数学情境，要注意生活数学的"数学化"；创设从数学内部引出的数学问题情境，要注意科学数学的"教学化"，使数学情境更好地为数学教学服务。这样的情境设计，将体现出教师对学生从接触情境到发现目标的过程的思维导向作用，这同时也是"教与学对应"和"教与数学对应"原理在数学教学中的具体运用。

（二）教学过程的探究性

探究，即探索研究。探究是多层面的活动，包括观察，提出问题，通过浏览书籍和其他信息资源了解已有的结论，制定调查研究计划，根据实验证据对已有的结论作出评价，用恰当的工具收集、分析和解释数据，提出新的解答，对结果做出解释和预测并与他人交流。

探究学习也称发现学习，是指学生在学习情境中通过观察、阅读，发现问题，搜集数据，形成解释，获得答案并进行交流、检验等。探究学习是一种积极的学习过程，最初指的是学生在科学课中自己探索问题的学习方式，后来逐步发展为各学科教学通用的教学模式。

在数学教学中，如果"忽略对数学公式与法则的探索过程，学生就会失去对数学的兴趣"。数学教学的思维导向，要求教师以数学知识为载体，通过数学思想方法的渗透和科学研究一般方法的渗透，激发学生的数学学习兴趣，发展学生的数学思维能力和初步的科学研究能力，为学生将来进一步的学习或研究其他问题打下坚实的数学思维和科学方法基础。从这个意义上说，思维导向的数学教学是一种探究式教学，教学过程的探究性是数学教学思维导向的基本特征之一。

探究的本质是"从无到有"，"从无到有"就是从不会到会、不懂到懂、不明白到明白的过程。一目了然的东西，不假思索就能知道的东西不需要探究。在思维导向的数学教学中，新概念的引入、数学结论的发现、数学公式的推导、数学定理的证明、数学解题方法的寻求等，都需要通过教师对学生的启发和引导，逐步实现从不知到知、从不会到会的探究过程。

教学中的探究活动可分为两大类：①以学生自主活动为主的探究——寻找思维线索的

数学探究；②教师引导下的学生主动探究——教师暗示线索的数学探究。数学教学思维导向下的数学探究活动主要是教师引导下的学生主动探究。

（三）教学语言的启发性

人具有可暗示性，即人的可意会性、可启示性、可影响性，这是人类个体之中一种普遍的品质。正是由于人的可暗示性，艺术的感染、知识的传递才更为有效，教师对学生的启发和引导才变得可能。启发是教师的教学基本功，在课堂教学中，启发总是必需的。教师对学生的启发，可以用语言、眼神、手势、图像、实物等，但最重要的是通过语言来启发。在数学教学思维导向中，学生的数学探究活动，主要依赖于教师的启发和引导。

教师教学语言的启发性，对学生思维的发展和能力的进步具有重要作用，在这里把具有启发性的教学语言称之为启发性提示语。根据性质和目的的不同，可以把教师的启发性提示语分为认知性提示语、方法论提示语和元认知提示语。所谓认知性提示语，是指针对具体知识或具体问题的提示语；所谓方法论提示语，是指针对学习方法、研究方法、思维方法的提示语；所谓元认知提示语，是指针对学习者对自身学习心理过程的调节、监控、反思等的提示语。无论是数学教学的哪种课型，还是数学教学的各个环节，要在数学教学中发展学生的数学思维能力，实现教师对学生数学思维活动的引领和导向，都需要数学教师利用启发性提示语，启发和引导学生的数学探究活动。

数学教师要在数学教学中实现对学生的思维导向，需要充分了解学生的知识基础和实际能力，并根据学生的认识发展水平和数学认知结构来设计教学的启发性提示语。同时应根据学生的情况将问题按离目标的远近分成不同的层次，从离目标较远的地方开始发问，先让部分悟性较高、能力较强的学生获得暗示，然后不断变更问题，使问题逐渐接近目标，直到大多数学生都能获得教师的暗示。通过这样由远及近的分级提示，对全体学生进行启思导疑，发展学生的数学思维能力和初步的科学研究能力。

在数学教学中，要让学生学习探究，就要教会学生怎么探究。不是明白地告诉学生该如何如何探究，而是通过教师的"暗中引导"。最好的引导就是用启发性提示语启发学生的数学思考。数学教师如果能坚持使用启发性提示语进行思维导向教学，就可以逐渐教会学生数学探究的方法，并逐步发展到学生学会用启发性提示语来引导自己的数学学习，达到学会思考、学会学习的教育目的。因此，可以认为，教学语言的启发性，是数学教学思维导向的基本特征之一。

（四）教学内容的思想性

数学教学的最终目的应是认识论与方法论的传播，从而发展学生的思维能力与认识能力，使学生终身受益。学科教学要坚持方法渗透原则，数学教学要加强教学内容的思想性，注重思想方法在数学教学中的渗透。这里所说的思想方法，不是指解决具体问题的特殊技巧，也不仅仅是指数学思想方法，而是指针对一切问题的科学研究一般方法。

虽然教学内容往往是由课程标准和教材所规定的，但是教学活动的展开却是教师个人的艺术，要在数学教学中发展学生的数学思维能力，实现教师对学生数学思维活动的启发和引导，数学教师应充分挖掘数学知识中蕴含的数学思想方法和科学研究方法。因为，只有研究问题的方法清楚了，学生的数学思维活动才能得以顺利进行。

在数学活动过程中，教师要启发和帮助学生把概括问题的特征，根据特征探寻方法的策略、规律、思想等研究问题的一般方法概括出来；在学生数学活动结束以后，教师要适时对数学活动中所蕴含的数学思想方法、所涉及的科学研究法加以提炼，使学生长期受到数学思想方法和科学研究方法的熏陶。通过这样长期的潜移默化的启发，学生将在知识结构和思维结构中实现对数学思想方法和科学研究方法的内化，最终变为他们自己的思维方式和习惯，促进学生数学思维能力和科学研究能力的形成。

突出教学内容的思想性，是数学教学思维导向的基本特征之一。注重数学内容的思想性，很重要的一条就是要关注学生对思想方法的把握和运用，使数学课题的提出具有方法论意义。

数学教师要突出教学内容的思想性，以实现对学生的思维导向。教师可以通过让学生经历丰富的数学活动，体验和感悟数学思想与科学方法；结合对数学结论、数学思想方法的发生发展过程的介绍，在数学知识和数学思想方法、科学研究方法的动态循环中把握数学对象的本质和数学思想与科学方法的要义；并在数学解题、数学建模、数学活动中运用和升华数学思想与科学方法。

三、数学教学思维导向下的数学学习

（一）通过主动的思维活动学习数学

学生是主动的学习者，教师在教学中的地位和作用是教学向导。教师既不能代替学生学习，更不能代替学生思考。一切教学活动都必须以调动学生的积极性、主动性、创造性为出发点。学生在学习过程中主观能动性的发挥，主要体现为学生对学习内容的思考、探索和对自身学习的反思。

在数学教学中发挥学生的主动性，除了传统的接受、记忆、模仿和练习等数学学习方式外，还应倡导自主探索、动手实践、合作交流、阅读自学等学习数学的方式。这些方式

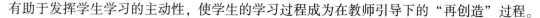

有助于发挥学生学习的主动性，使学生的学习过程成为在教师引导下的"再创造"过程。

因此，数学教学思维导向下的学习，应是学生通过主动的思维活动学习数学的过程。只有学生积极主动的参与数学思维活动，数学教师的思维导向才有意义和价值。学生数学学习的兴趣、数学探究的热情、提出问题的意识，成为影响教师成功实施思维导向教学的重要因素。因此，在数学教学思维导向中，学生的数学学习应是以动脑思考、动手实践、自主探索、合作交流为主要方式的积极主动的活动过程，其核心是学生在数学活动中的智力参与。

（二）通过数学思维活动实现意义建构

数学教学思维导向下的数学学习，要通过学生在数学活动中的充分的智力参与，实现从具体生活现象和数学事实到数学概念原理、思想方法的概括抽象，实现从数学语言符号到其所代表的数学知识的意义建构，理解和掌握数学的核心概念、大观点和大方法，实现有意义的数学学习。

有意义学习是一种以思维为核心的理解性学习，教学最终必须落实到学生的对教学内容的意义建构上。没有思维，就没有理解，谈不上意义建构。数学有意义学习的实质是：数学的语言或符号所代表的新知识与学习者认知结构中已有的适当知识建立非人为的实质性的联系。所以，数学教学思维导向需要教师引导学生积极思考，进行充分的智力参与活动，找到新知识的意义生长点或固着点，在新旧知识之间建立起非人为的实质性联系，实现数学知识的意义建构。

（三）在数学思维活动中获得数学体验

数学学习，既是数学概念原理的理解过程，也是数学活动经验的积累过程，还是数学思想、科学方法的领悟过程，在这些过程中，伴随着丰富的数学学习情感体验、认知体验、方法体验和元认知体验。

在数学思维导向教学中，数学教师可以引导学生认识数学的价值、欣赏数学的美、体验数学学习中的挫折与成功，激发学生的数学学习兴趣，坚定学生的数学学习意志，让学生经历丰富的数学学习情感体验。通过数学观察、分类讨论、抽象概括、猜想验证、提出问题、问题解决等让学生经历从数学事实到概念原理、从数学现象到数学结论的认知体验，以及从直观到抽象、从特殊到一般、从合情推理到论证推理的方法体验，领悟重要的数学思想方法和科学研究方法；通过展现数学家和教师自己的试误、出错、修正等数学探索过程，暴露学生的数学思维过程，进行解题反思、自我评价、小组评价等数学学习活动，并利用数学教学的元认知提示语，让学生经历充分的元认知体验，发展他们数学学习的元认知能力。

（四）在教师引导的数学思维活动中发展思维能力

数学思维导向教学的主要目的就是引导学生的数学思维健康发展。在数学思维导向教学中，教师应通过让学生提出问题、建立旧知与新知的联系、启迪数学思维、暗示研究方法、分级提示导疑、渗透思想方法、展示知识结构、暴露思维过程、鼓励合作探究、倡导数学交流等教学方法帮助学生形成良好的数学认知结构和数学思维结构。

思维导向教学下的学生思维能力的发展主要表现为获得基本的数学活动经验，掌握基本的数学知识和数学技能，领悟重要的数学思想方法，发展数感、符号感、空间观念、统计观念、计算能力、估算能力、几何直观能力、论证推理能力，形成观察、实验、分类、类比、猜想、验证、归纳、演绎、抽象、概括、化归、具体化、特殊化、一般化、模型化等数学研究能力和一般科学研究能力。

第二节　教师良好应用数学思维导向的方法

一、树立思维导向的教学理念

理念是行动的先导，人的行为总是受一定的信念所支配。教师的教学理念决定着教师的教学行为，有什么样的教学理念，就会产生什么样的课堂教学行为。要实施思维导向的数学教学，首先要求教师树立思维导向的教学理念，并具备在数学教学中启发和引导学生进行数学思维活动的意识和能力。

树立思维导向的数学教学理念，要求教师在数学教学中以发展学生的思维能力为第一要务。在数学教学的每一节课，每节课的每个环节，都要牢牢记住应在数学知识的教学中，利用具有启发性意义的数学问题和教学语言，引导和启发学生提出具有方法论意义的问题，经历数学发现的过程，回顾、反思自己的数学思维过程，体验数学的思想方法，感悟科学研究的一般方法。

只要教师在数学教学中秉承思维导向的教学理念，在教学中不遗余力地启发和引导学生的思维活动，并发展出有效的数学教学思维导向策略。通过长期的耳濡目染、潜移默化，他的教学将成为有效的思维导向数学教学，他的学生也将获得数学思想方法和科学研究一般方法的熏陶，获得在数学思维能力和科学研究能力的发展。

二、具备良好的数学素养

数学教师首先要懂数学、喜欢数学，这是毋庸置疑的，这也是"教与数学对应"原理对数学教师提出的最基本要求。假如教师厌烦他的课题，那么整个班级也将毫无例外地厌烦它；同时，一个教师不可能向学生讲明白自己并没弄清楚的事情。

因此，数学教师必须具备一定的数学素养。从数学教学思维导向的角度看，数学教师的数学素养至少应包括以下几个方面。

第一，他所掌握的数学知识必须要涵盖他所要教学的板块的全部内容，并且要熟悉与这些知识有关的其他数学知识以及解决初中数学问题的基本技巧与方法。

第二，他必须理解领会初中数学知识中蕴涵的重要的数学思想方法，并把握这些数学知识、思想方法之间的相互联系，形成结构性、网络型的数学知识体系。

第三，他应当了解初中数学中的核心概念、重要结论的发生发展史，以及数学家在发现这些知识过程中所运用的数学思想方法和科学研究一般方法。

第四，他还应当理解数学在文化发展中的地位和在社会生活中的价值，并结合学生生活的实际问题展示数学的应用。

三、掌握一定的教育学、心理学理论

根据"教与学对应"的原理，数学教师的教要与学生的数学学习相适应。因此，数学教师必须了解他所面对的学生，了解他们的心理发展特点、认知发展水平、思维方式和习惯、数学知识掌握情况、数学学习心理特点和数学思维水平等，并应兼顾学生发展的个体差异。这要求数学教师必须具备一定的教育学、心理学和数学教育学、数学教育心理学等理论素养。

数学教师要成功实施思维导向教学，需要具备一定的教育学理学素养，主要应包括以下几方面。

①学习一些重要的教育学、心理学理论，如建构主义理论、情境认知理论、多元智力理论、有意义学习理论、发生认识论原理、最近发展区理论等。

②通过理论学习和实际观察，了解学生的学习心理规律，掌握激发学生学习兴趣的教学策略与方法。

③掌握一些常用的教学模式和方法，如启发式教学、情境教学、发现教学等。

④掌握一些常用的学习评价方法，能进行个别化的教学和评价，为学生提供必要而有

效的帮助和建议。

⑤具备丰富的数学教育理论知识，树立科学的数学观、数学教学观和数学学习观，认识数学的教育价值，了解重要的数学教育思想。

四、发展出有效的思维导向策略

关于数学教师应具备的数学素养和教育素养的清单可以列得更长、更详细，但是最根本也是最重要的是，数学教师如何能将知识和理论综合运用，提高自身的数学教学能力，发展出有效的思维导向策略，切实有效地对学生进行启发和诱导，促进学生的数学思维能力和科学研究能力的发展。

为了成功实施思维导向的数学教学，数学教师应具备启发、引导学生数学思维活动的意识，并在不断地总结教学经验中逐步提高自己的数学教学能力，发展出数学教学思维导向的有效策略，如运用启发性提示语的策略、启发学生提出问题的策略、引导学生理解题意的策略、引导学生进行回顾反思的策略、展示数学知识发展历程的策略、渗透数学思想方法的策略，等等。

五、对教学内容进行教学法加工和方法论重建

在数学教学中，真正能够起到思维训练作用的是数学的思想和方法，而不是具体的数学知识。然而，数学教材编写者往往是按照科学的数学理论体系组织教材，数学的思想和方法被隐藏在数学知识的背后。由于数学家向来都不是按照他创造数学的思维过程去叙述他的工作成果，而是恰好相反，把思维过程颠倒过来，把结果作为出发点，去把其他的东西推导出来，这种叙述方法是教学法的颠倒，这种颠倒掩盖了创造的思维过程，如果学习者不实行再创造，他对学习的内容就难以真正理解，更谈不上灵活运用了。

因此，为了数学教育的目的，教师应当用批判的眼光审视已有的数学知识。这批判，当然不是怀疑这些数学知识的正确性，而是检查它在教育上的适用性。教师要用系统科学的观点，联系前后左右的教学，联系学生的心理特征与年龄特征，看一看，问一问，哪种反映方式较优？能不能找到更优或最优的反映方式？为了找到这种更优、更适合的数学知识的反映方式，数学教师需要通过数学教学的思维导向设计，实现对数学教学内容的教学法加工和方法论重建。

在思维导向的数学教学中，要坚持数学方法论对数学教学的指导，重视数学思想方法在教学中的渗透。数学方法论直接关系到数学教育的各个方面，包括教学目标确定、教学内容的选择和组织、教学效率的提高、教与学关系的改善等。就数学方法论对于数学教学

的积极意义而言，一个最为明显的事实就在于：以数学方法论为指导去进行教学有助于我们将数学课讲活、讲懂、讲深。所谓"讲活"，即是指教师应通过自己的教学活动向学生展现"活生生的"数学研究工作，而不是死的数学知识；所谓"讲懂"，则是指教师应当帮助学生真正理解有关的教学内容，而不是囫囵吞枣、死记硬背；所谓"讲深"，是指教师在数学教学中不仅应使学生掌握具体的数学知识，而且应帮助学生领会内在的思维方法。

这就给数学教师的教学提出了更高的要求，教师应立足于数学家和学生的具体的数学思维过程，通过数学情境的创设、探究活动的设计和数学教学的启发性提示语的设计，对教学内容进行"教学法加工和方法论重建"，再现或创设数学发现的情境，揭示数学家提出数学问题、发现数学结论的思维历程，突显数学知识背后蕴涵的数学思想方法，帮助学生理解数学知识的相互联系，领悟数学的研究方法和科学研究的一般方法，发展数学思维能力和科学研究能力。

以上是数学教学思维导向对数学教师的教学理念、数学素养、教育理论素养、思维导向策略、教学内容的组织和加工等多方面提出的要求。然而，现实中很多数学教师并不具备这样素养，并不能成功地在数学教学中对学生的思维活动进行导向。大部分数学教师的数学教学思维导向能力都有待进一步地提高。数学教师需要做到对数学教学内容的深刻理解，并结合相关教育学、心理学知识的运用，发展出有效的数学教学思维导向策略，以便在数学教学中启发学生进行数学的思考，引导学生领会数学的思想方法，体验科学研究一般方法在数学中的应用。为进一步提高数学教师的数学教学思维导向能力，可能的途径有。

①结合具体的教学案例，开展教育学心理学与数学教学相整合的研讨或培训，学习教育学心理学知识的在数学教学中的实际应用。这有助于数学教师进一步熟悉有关的教育学心理学知识，了解初中生的心理特点与数学思维的特点，以便他们发展出更有效的教学语言、教学策略和教学模式。

②与数学教师的实际教学相结合，对初中数学的核心概念和重要结论的相关数学史实进行讨论，开展教育取向的数学史研究。这不仅有助于使数学教师熟悉相关的数学史实，了解数学知识的发生发展历程，更有助于他们认识数学对象的本质，以及在数学知识发现过程中所涉及的数学思想方法和科学研究一般方法，以便他们在教学中灵活加以运用。

③进一步加强有关数学内容知识的学习，经常性地组织数学教师学习和讨论有关的数学内容，特别是在课程改革中新增加的数学模块的相关知识。

④应向数学教师介绍一些有效的数学思维教学模式和思维导向策略，让他们在数学教

学中加以运用，并结合他们自己的教学实践，逐步发展出他们自己的思维导向的数学教学模式和数学教学策略。

第三节　数学思维导向应用原则

一、问题驱动原则

思起于疑，没有问题就没有思考。思维总是从问题开始的，并以解决问题为目的。问题是思维的动力，并为思维指明了方向。问题的性质决定思维的目的，而目的支配着思维的过程。数学思维过程就是不断提出问题、解决问题的过程。教师提出问题的目的并不是仅仅在于解决问题，教师看重的是问题引发的思维活动。应该把有没有问题，有没有激发出学生的思维活动当成评价教学活动成功与否的硬标准。

课堂上教师的提问直接影响着学生思维的方向和进程，具有启发性和层次性的问题可以使学生处于"心求通而未得、口欲言而未能"之愤悱状态，从而激发学生的思维，促进学生主动探究。因此，数学教学思维导向的第一步，就是要设置悬念、制造疑问、引发认知冲突，从而启发学生的数学思考、促进学生的数学探究，最终使学生从惑到识、从不知到知、从不明白到明白。

（一）预设具有启发性的问题

启发是教师教学的基本功，教师要善于预设具有启发性的问题引导学生的思维活动。教师能否预设具有启发性的问题，是教师的思维水平、教学能力的体现。启发性问题的设计，需要教师学会换位思考，做到角色转换，站在学生的角度思考问题。

数学教师确立启发式教学思想是其教学取得成功的根本保证。数学教师应对课堂中的启发性问题进行适度预设，并结合教学的实际进程，不断变更问题和提问方式，以问题带动学生的思考，达到动态生成的目的，所谓教师的"预设性提问"，就是教师在备课中所预先设计好的提问。所有的教师在课前都会备课，但是，并不是所有的教师在备课时都会精心准备"提问"，因而这些教师在课堂上的提问就具有一定的随意性。教师在准备"预设性提问"时，关键是要注意形成一个"问题序"，即按照科学研究的一般进程有层次、有节奏、有铺垫地来准备提问。

根据"教与学对应的原理"，教师预设的问题要恰当，要与大多数学生的认知水平和数学思维能力相适应，要注重问题的启发性、开放性，同时要注意问题之间的层次性；根据"教与数学对应的原理"，教师预设的问题要与教学内容相适应，要突出数学的学科特性，引导学生认识和理解数学核心概念的本质，领会数学的大观点、大方法，体验数学思想方法和科学研究一般方法的价值和作用，并注意数学知识的前后联系，帮助学生建立起系统化的、结构化的数学知识。

（二）利用启发性提示语驱动思维

数学教师预设好启发性问题，是为在教学中落实问题驱动的思维导向原则做准备。而真正要开展问题驱动的数学教学，则有赖于数学教师利用启发性提示语引导学生进行数学探究。

数学是最具探究性质的学科之一，探究性学习应成为数学学习的常态。数学教学要让学生探究，需数学教师先教会学生如何探究。最好的思维导向方式就是用启发性提示语来暗示学生数学探究的路径，启发学生寻找问题解决的线索，并逐步发展到学生学会用启发性提示语来引导自己的数学思考，最终达到学会学习、学会思考的目的。

（三）把新知识的教学当作解题教学来教

重视解题是我国数学教学的重要特点，在问题解决的过程中获得知识，远比教师平铺直叙地告知问题的答案要有效得多。解题必须以概念和定理为依据，因而是对概念、定理的再学习。我国还非常重视解题思路的探求，注重一题多解，一法多用，这些对学生思维的培养和发展也有一定的积极意义。

然而，数学教学中的解题教学往往只是单纯的习题教学、试题教学。要改变这种状况，需要在数学教学中把数学新知识的教学当作解题教学来教，并适当引进情境题、开放题等非常规问题，启发学生思考课本和考卷以外的数学问题以及与数学有关的他学科问题，引导学生经历数学问题的发现和解决的研究历程。

在新知识的教学中，数学教师可以运用类似的提示语，通过将教学内容问题化，并设计富有启发性和层次性的问题链，启发和引导学生逐步解决问题、发现结论。

教师将教学内容问题化，利用启发性问题对学生进行数学思维导向，通过将数学知识教学与解题方法的教学紧密结合起来，达到培养学生解决数学问题的能力。在这样的教学中，学生可以在教师的启发引导下，通过分析问题情境，逐步经历提出问题、理解题意、试误探究、验证反驳、发现结论等问题解决的全过程。这种将新知识的教学当作解题教学来教的做法，学生不仅仅是获得解决个别数学问题的能力，而且将获得对数学的大观点、大方法的体验，获得科学研究精神和一般科学研究方法。

"教学内容问题化"有两方面的含义：一是教师依据教学要求和自己对教学内容的理解，预设系列的启发性问题和有待求解、求证的问题，并在教学中根据具体教学进程适时提出这些问题，启发学生思考、引导学生探究；二是教师在教学中应关注学生的学习实际，鼓励学生提出与教学内容有关的问题，或由教师自己提出一些备课时没有预设到的问题，并引导学生对教学中生成的这些问题进行讨论、交流。通过对这些问题的解决达到学习新知识的目的。

在教学中，数学教师要将数学教学内容问题化，实现把新知识的教学当作解题教学来教，最关键的就是要找出"课题"。数学教材中的标题往往不是课题，标题往往是结论，而课题则应是数学发现中的本原性问题，要体现数学问题的本质。举例来说，"三角函数的诱导公式"就是教材内容的标题，而不是课题。真正的课题应是：有了任意角的概念和锐角三角函数等的预备知识之后，任意角的三角函数值怎么去求——这才是这节课教学的真正课题。

当然，课题可以由老师提出来，但最好是由教师启发、引导学生提出来。提出了课题，才算是将教学内容问题化，接下来就是利用着手解题的提示语，启发学生寻找线索、发现工具、建构方法去解决这个问题，最终实现把新知识的教学当作解题教学来教。

二、分层提示原则

由于每个学生的认知发展水平、学科知识结构的不同，面对相同的教学内容，学生可能有着不同的"最近发展区"。因此，不同的学生在数学上的实际发展水平不尽相同，数学教师的教学应坚持分层提示的原则，促进全体学生的共同发展。

在教学中坚持分层提示的原则，正是为了实现所有学生从现有发展水平向潜在发展水平的过渡，从而使其潜在发展水平转化为新的现有发展水平，产生新的"最近发展区"，促进学生的不断发展，实现教学应当走在发展的前面的理念。分层提示的关键是在教学中运用有层次性的问题对学生进行启发引导。所谓层次性，是指教学中的问题应体现出循序渐进的特点，引导学生对问题做深入而又连贯的思考，以到达由浅入深的目的。

为了有效进行思维导向的数学教学，必须给学生留出思考的时间，使得不同层次的学生都能进行数学的思考。同时，还应针对不同的学生选取不同难度的问题、提出不同水平的要求，采用由远及近的分层提示和由易到难的逐级推进。

（一）给学生的思考留出时间

任何学习都需要思考，数学学习尤其需要思考。没有思考就没有真正的数学学习，而思考问题总是需要一定时间的。因此，教师在让学生面对数学情境或数学问题以后，要给学生留出思考的时间。在数学教学的思维导向中，教师要学会运用"时间等待"理论，给教学过程恰当留白。

教育是慢的艺术，教师在教学中不应操之过急。教师一着急，就容易讲得太多，而学生思考的时间和机会就变少了。如很多数学教师在提出问题后，不给学生留出思考的时间或仅留出很少的时间，就要求学生作出回答。当学生不能马上回答时教师又不断地重复他的问题，或者提出另外一些问题来弥补这种"冷场"状态。殊不知，教学中的"冷场"，往往是学生正在思考的阶段，学生表面上寂静无声，而实际上思维却很活跃，教师的不断说话、发问，其实是在干扰学生的思考。此时无声胜有声，这种情况下需要教师闭嘴。因此，在数学教学思维导向过程中，数学教师对一些重要结论不应急于给出，对一些关键性的问题也不要忙于抛出，要善于慢三拍、停三秒，且慢说破，给学生的思考留出时间。

（二）由远及近地启发

自有班级授课制以来，就没有哪一个班级的学生的水平是完全一样的。因此，教师就不得不在同一时间为不同层次的学生授课。在班级授课制下如何实施因材施教，教师如何同时给予优等生、中等生和差生以启发、引导，为全体学生提供有效的教学，就成为教育研究者和教育实践者共同关心的问题。

教师的每个提问应成为学生思考的步子，每一个提示语的目的都应是提供给学生思考的步子。由于不同的学生有不同的数学思维过程，就有着不同的思维步子和思维路线图。因此，教师的启发引导就应考虑全体学生的需要，采用"由远及近"的启发策略。

在数学教学中，教师应从用隐蔽性强的弱暗示提示语进行启发，到用隐蔽性逐步减弱的强暗示提示语进行启发，用这样的"分级提问"来达到对不同层次学生的引导。这种由远及近的启发性提示语，应成为学生在数学学习和数学解题中走向标的步伐。

教师设计启发性提示语时要学会换位思考，要充分考虑学生的需要，站在学生的立场，从无到有、从不知到知、从不会到会，由远及近地提出问题，一步一步靠近目标。教师可以从要解决的问题出发，为学生设计一个与最终要解决的问题的联系从弱到强的问题序列，每一个问题都与要解决的问题相关甚至等价，而且比前一个问题距离要解决的问题更近，这样从问题到问题的推进，最后得到问题的解。当然，对于不同层次的学生，提示语的远近是相对的。提示语所发出的暗示有一个"暗"到什么程度的问题，这要根据学生的具体情况而定。

具体来说，教师可以从离目标较远的地方开始发问，先给出一些一般性的、抽象程度较高的、看上去与所要解决的问题关系不大的问题，这可能引起少部分悟性高、数学思维能力很强的学生获得暗示。这时教师不宜让已有想法的学生来对问题作出回答，因为绝大多数学生还没有获得暗示、没有思考出对策，教师需要提出一些稍接近目标的问题，让更多的学生获得暗示，启发更多学生的思维。如此这般地将启发性问题逐步向目标靠近，使问题的暗示性越来越强，最终使大部分学生都能获得暗示，思考出解决问题的方法。如果直到最后仍有少数学生实在没法获得暗示，那只好将问题的解答告诉他。虽然这没有多少教育意义，但总比不告诉他、让他什么都不知道的要好。

此外，教师的启发和引导需要与学生的思维同步，一般来说教师可以先让学生作一番思考，然后再利用启发性提示语进行由远及近的分层提示，循序渐进地逐步引导学生的思维进程，让全体学生都能有所收获。

（三）由易到难地推进

很多数学教师的课堂教学有一个不好的习惯，就是一讲完新课就把以前的考试题拿来当作例题或练习题，而把课本上设置的例题、习题搁在一边，这尤其反映在初中阶段的数学教学中。

数学教学不宜一味地求难、求深，例题和练习题的设置要有层次性和弹性，应由易到难地进行逐步推进。这里的由易到难有两重含义。

其一，是例题和习题的难度设置要有梯度，要由易到难、从简单到复杂。上新课时，例题和课堂练习应尽可能简单些，但要体现问题的针对性，要与这节课的教学内容和教学目标相对应，直接起到巩固新知的目的，到习题课时可以适当加深问题的难度，同时同一节课的问题也应由易到难、由浅入深地依次安排。

其二，是指在让学生回答问题时，要先让不会的学生回答一些简单问题，再逐步让会一点的学生回答难一点的问题。这与前面谈到的分层提示恰好相反，启发引导的时候要由远及近，检查抽问的时候要由易到难。但是，现实却是教师总是习惯请一些成绩好的学生来回答问题。这些学生一回答，就等于告诉了成绩不好的学生。久而久之，在学习上有困难的学生总是懒于动脑思考问题，就等着优生说出答案，其结果是优生更优、差生更差，两极分化。

三、方法渗透原则

数学学习有三个重要方面：①学习建构新概念、新方法；②领悟数学思想方法；③学习研究问题的一般方法。数学教学的每一个单元、每一节课都要促使学生学习这三个方面，而不仅仅是某一个方面。

只有研究问题的方法清楚了，数学探究活动才能得以顺利进行。而数学思想、研究方法需要教师在讲解中作出启发与暗示，然后再由学生在探究中运用、体验。教师要启发和帮助学生把概括问题的特征，根据特征探寻方法的策略、规律、思想等研究问题的一般方法概括出来，使学生掌握提出问题、分析问题和解决问题的一般方法。

数学思维导向教学要启迪思维、暗示方法要使数学课题的引入具有方法论意义，在知识讲解和数学探究活动中要兼顾思想方法的渗透，并在课堂教学小结时注重对数学思想方法的归纳概括。此外，在思维导向的数学教学中，应突出对学生思维上的引领和方法上的导向，要关注数学思想方法和科学研究一般方法的渗透。这里，把这一点作为思维导向教学的原则提出来，进一步加以论述。

这里所说的思想方法，不仅仅是指解决具体数学问题的方法与技巧，更重要的是指数学的大观点、大方法和针对一切问题的科学研究一般方法。数学教学的思维导向，就是要求数学教师在使学生掌握基本的数学知识和解题方法的同时，让学生学习数学的大观点、大方法，并感悟科学研究的一般方法在数学发现中的作用。

（一）重视数学大观点、大方法的教学

学习理论认为，专家知识的显著特点是围绕学科的核心概念和大观点、大方法来组织的，而不仅仅是学科事实的简单累积，这些核心概念、大观点、大方法引领着研究者的学科思维和科学思维，在数学思维导向教学中，数学教师的教要与数学的知识、理论与研究方法相致，坚持方法渗透原则，以数学的大观点、大方法引领教学，在数学教学中落实教与数学对应的原理。

所谓数学的大观点、大方法是指在数学研究和数学教学中重要且常用的数学思想与数学方法。思维导向的数学教学，需要数学教师以数学的大观点、大方法引领自己的教学设计，通过恰当的问题预设和动态的教学生成，让学生在学习数学基本知识和基本技能的同时，学习数学的大观点、大方法，培养学生的数学思维能力。

（二）渗透科学研究的一般方法

科学研究方法是人们借以达到科学研究目的的途径、手段或者工具。科学研究方法按其适用范围可以分为哲学方法、一般方法和特殊方法等三个层次。科学研究的一般方法处于哲学方法和具体科学方法之间的中间层次。它受哲学方法的指导，又以具体科学方法为基础，同时作用于两者，成为沟通二者的桥梁。科学研究的一般方法主要有观察法、实验

法、理想化方法、数学方法、假设方法和系统化方法等。

数学是科学之科学。时至今日，数学在各种学科中的应用已非常广泛，运用数学的程度已经成为衡量一个学科发展成熟与否的重要指标。在数学研究中，蕴含着包括观察、实验、归纳、演绎、类比、抽象、猜想、验证、特殊化、一般化、公理化、模型化、调查研究、分类讨论等在内的大量的科学研究的一般方法。同时，数学中的概率统计、数据分析、系统控制、模糊数学等也成为众多科学分支的重要研究方法。

思维导向的数学教学重视科学研究一般方法的教学，让学生在体验、感悟这些方法在数学中的运用，通过长期的潜移默化，逐步发展学生的科学研究能力。

四、回顾反思原则

思维导向教学的重点是从获取知识转向学会思维、学会学习，因此要在数学教学中重视引导学生进行回归与反思的重要意义。数学教育家弗莱登塔尔指出：反思是重要的数学活动，它是数学活动的核心和动力，是一种积极的思维活动和探索行为，是同化、是探索、是发现、是再创造。

开展注重学生思维深层参与的反思性数学学习活动，培养学生的元认知能力和反省思维能力，这是教师灌输知识、学生被动接受的数学教学所不能达到的。然而，长期以来，绝大多数学生习惯"听教师讲和做大量的习题"，并在这样的循环中学数学，长此以往势必占去学生进行反思的时间，剥夺了学生通过反思深入理解数学内容的机会。

为帮助学生树立数学学习的总结、回顾的意识，发展他们的数学学习反思能力，需要在思维导向的数学教学中坚持回顾反思的原则。数学教师可以从建立系统化结构化的数学知识体系、反思数学概念公式定理的发现过程、反思数学思维过程、总结解题方法、提炼数学思想方法和科学研究方法等多个角度引导学生开展反思性数学学习，培养学生的数学思维能力和数学学习的元认知能力。以下就反思数学思维过程、总结方法进行阐述。

（一）启发学生反思数学思维过程

启发学生反思数学思维过程，就是启发学生对自己在数学探究和数学解题中的思考过程进行反思。思维导向教学中，教师可以通过恰当的教学语言和教学方法，引导学生在一个数学活动结束以后尽力去回忆他们从开始到结束的每一步心理活动：一开始自己是怎么想的，走过哪些弯路，碰到哪些钉子；为什么会走这些弯路，碰到这些钉子，有什么规律性的经验可以吸取；自己的思考与老师或同学的有什么不同，其中的差距是什么，其原因是什么；自己在一些思考的中途能否做某些调节，为什么当时不能做出这些调节，自己在思考的过程中有没有做出过某种预测，这些预测对自己的思考是否起到了作用自己在预测和估计方面有没有带普遍性意义的东西可以归纳等等。

追问和反问是教师启发学生进行数学思维过程的反思的有效教学方式。在教学中，所谓追问，是指反复多次、追根究底地问，以探查学生是否真正理解了问题的本质，这常常表现为"某某是什么""这样做是为什么"等问句，其目的是使学生不仅知其然，而且知其所以然。

所谓反问，是指用疑问的形式和语气，激发学生思考他自己的思维过程或问题解答，在教学中常常以"是这样吗""你们觉得他这样做对吗"等问句，其目的是使学生检查、核准他们的思路或答案的正确性与合理性。有研究表明，在教学中利用"回忆、比较、什么、为什么、怎么样"等词汇，可以帮助教师有效地引导学生进行反思。

（二）引导学生总结数学解题方法

学生的主要任务不是解题，而是学解题。解题策略经验的积累主要在解题活动的最后一个阶段——"解题回顾"的过程中获得。对于学习解题而言，学生完成了解题过程，并不意味着一次学习活动的结束，对解题的真正学习是解题回顾。这如同知识获得的保持阶段一样，它是解题学习的保持阶段。

坚持思维导向的回顾反思的原则，就是要在数学教学中关注解题后的反思。数学教学中引导学生进行解题的回顾反思，可以有不同的内容和形式，既可以是对理解题意、思考过程、语言表述、解题结果等的反思，也可以是对解题所涉及的知识、思想方法的反思，还可以是对与解题活动有联系的其他问题的反思，其核心是对解题策略和数学思想方法的概括、总结。这里着重谈谈通过解题回顾，引导学生总结解题方法。

教师通过引导学生进行解题后的回顾反思，可以总结解题方法，达到由解一题来学习解决一类问题的目的。数学教师要教会学生分析问题的特征、概括问题的类型、归纳各类问题的解决方法，而不是仅仅关注解决某一个问题的具体技巧。因此，数学解题反思教学应通过对数学问题的特征分析，弄清问题的类型，建立解决一类问题的数学模型，总结一类问题的解题方法，并在变式练习中加以应用和巩固。

反思是"想和做"的综合实践过程，在解题反思中对数学问题进行特征分析，就是引导学生在解题后对问题的本质进行重新剖析，将思维由个别推向一般。在引导学生进行解题反思时，教师应启发学生进行联想，找出当前问题与以往解决过的问题之间的联系，找出解决这类问题的关键所在，以及可能会遇到的困难。从而探索出一般规律，并通过一题多解和变式练习，深化认识、加深理解，进一步掌握这一类问题的解法。

此外，数学教师要通过引导学生进行解题反思达到总结解题方法的目的，还需要引导学生自己评价自己的解法。学生在解题时往往满足于做出答案，而对自己的解题方法的优劣却从来不加评价，常常表现为解题思路狭窄、解法单一、叙述冗长等问题。因此，在思维导向教学过程中，数学教师可以引导学生分析自己的解题方法的优劣，通过评价自己的解题过程，寻找解决问题的最佳方案，优化解题思维过程。

第四节　展现数学知识的探索过程

一、数学史教育的意义分析

要在教学中展现数学知识的发现历程，数学教师必须懂得与教学内容有关的数学史史实。数学史的研究具有三重目的：一是历史的目的，即恢复历史的本来面目；二是数学的目的，即古为今用，为现实的数学研究与自主创新提供历史借鉴；三是教育的目的，即在数学教学中利用数学史，这在当前已成为一种国际现象。

要重视数学史在数学教学中的意义和作用，通过数学教学展现数学知识的发现历程，让学生了解数学知识的来龙去脉，是数学教学思维导向的有效策略。展现数学知识的发现过程，不是简单叙述数学史实，重复数学家的"原发现过程"。而是需要教师开展教育取向的数学史研究，从中获得对数学教学的启示，引导学生重走数学发现之路。所谓教育取向的数学史研究，就是从课程与教学的角度出发，对数学史的相关内容进行教学法加工和方法论重建，以实现数学史研究的教育目的。其主要方法是通过对数学史的压缩、整合、删繁就简、提炼数学思想方法等，并在此基础上结合教学内容进行基于数学史和数学思想方法的教学设计。

（一）数学史教育有助于学生认识数学的真谛

数学的真谛对于数学理论的应用具有直接性影响，在数学领域当中，任一数学概念的理解、数学公式的推导都反映着数学的真谛。纵观数学史，数学精华的传递同样是数学真谛的传递。因此，在数学教育当中，唯有真正领悟数学学科的思考方法、实践方法，方能从原有知识体系当中创造出更加前沿的理论。唯有真正从数学思维出发，领悟数学教育的真谛，才能清晰地认识到数学领域的总体发展方向以及数学学科同其他学科的关联。除此之外，在数学史当中含有大量的经典内容和教育案例，利用对数学史的了解、接触数学理

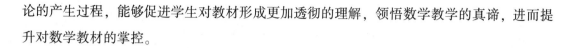

论的产生过程，能够促进学生对教材形成更加透彻的理解，领悟数学教学的真谛，进而提升对数学教材的掌控。

（二）数学史教育有助于激发学生的创新能力

长久以来，数学教育都被视作是培养逻辑思维和推理能力的重点学科，而数学史则是完成上述目的的重要资料基础。在数学史中收录了诸多数学专家的理论探究过程，让学生了解到探究的过程有助于激发学生的创新能力。例如，将数学史当中的重点事件——解析几何的由来、电子计算机的出现等向学生进行选择性讲解，能够促进学生数学思维的形成。任何学科从产生、发展到最终实践均非一帆风顺，使学生了解到数学家的探究过程能够让学生更加明白知识产生过程的艰辛，从而告诉学生在探究知识的过程中要坚持不懈。与此同时，学生在了解到数学家的创造思维时，更能够形成自身的创造性。

（三）数学史教育有助于学生形成科研素质

数学理论的产生都需要基于某种方法，采用恰当的方法能够减少岔路，否则将导致理论形成时间的延长。数学家在进行理论探索的过程中，提炼出了诸多方法。为学生讲授数学史当中的此部分，吸取数学家的经验和教训，能够使学生得到足够的引导和启示，进而形成应有的科研素质。学生从数学史当中既能够获取重要的理论知识，又能够了解到数学方法的重要之所在，使学生形成了科研素质，进而为未来的工作和学习提供了指引作用。

（四）数学史教育有助于课堂氛围的活跃

在原有初中数学授课实践中，学生常常是处于静止的接受状态，这种单向的教学模式不利于学生发挥主观能动性，造成学生缺乏主动探索的精神和创新的能力。将数学史内容融入初中数学课堂，能够从一定程度上点燃学生的好奇心，促进学生创造能力的发挥。因此，将数学史内容融入初中数学教学当中，也是对发展教育事业的配合。

二、将数学史融入初中数学教育的措施探究

（一）提升教师队伍整体水平

若想将数学史真正融入初中数学教育，先要做到教师对数学史的深入了解。唯有教师的深刻领悟，方能为学生提供正确的引导。因此，提升教师队伍整体水平是十分必要的。构建一支具备专业知识、具备较高稳定性的教师队伍，从而有利于数学史的传播和融合。

一方面，可以定期为教师开展相关培训和深造，并在培训结束后进行效果考核；另一方面，可以组织教师进行校外实践走访，吸取他校的成功经验和失败教训，并依照本校的实际情况进行选择性应用，从而在重重联合的条件下提升教学质量。

（二）选择匹配的数学史资料，辅助教学实践

我国的数学史专家十分注重数学史资料的撰写，编著了诸多数学史教材。此类资料分别以不同的角度编著：一些资料是依据年代的先后进行编著，一些资料是依据学科的发展线索进行编著，还有一些资料是依据各方内容的综合角度进行编著的。大量的数学史资料为我们呈现了丰富的数学史精华，然而如何将此类数学史资料有效的融入数学教育，从而辅助教学实践，则是当前亟待解决的问题之一。例如，对于初中一年级学生而言，因其刚刚接触到初中数学知识，数学史资料的融入意在拓宽学生的视角、提升学生的科研素质。因此，应选择数学史当中的一些初等内容，并配合专题性探究。如此，能够为学生的深入学习奠定坚实的基础。对于初中三年级学生而言，因其已经对初中数学知识具备了一定程度的了解，数学史资料的融入意在使学生借鉴、吸取数学专家的研究方法，从而为学生的数学实践提供一些启发，达到学用融合的效果。总而言之，将数学史融入初中数学教育的首要步骤是：立足初中数学教学的现实情况和学生的自身特征，以清晰的教学目标为引导，将数学史资料加以合理的选择、加工和重构，使其能够更加容易地被学生所接收，从而为教学实践提供相应的辅助功能。

（三）将数学史同学生的知识储备进行关联，做到深入浅出

就数学领域的整体内容来看，数学史是组成数学体系的元素之一，是前人进行的数学研究。将数学史融入初中数学教育，即将同一理论的前人研究同现代研究加以对比，发现二者之间的不同点，从而揭示数学发展的进程变化，为学生的学习提供引导作用。例如，就初中数学的函数内容来说，为了使学生清晰地理解函数的基本内涵，就要立足历史角度进行阐述。从古至今，函数概念的界定发生不断地改变和修订。为学生讲述函数概念的修订过程，才能使学生真正了解函数的基本内涵，对比现有函数概念和初始函数概念，二者在表述方式上存在显著的不同。在进行函数概念的阐述时，应从历史角度出发，置身于函数概念产生的初始状态，从而感悟当时的背景和方法。并逐步向现有函数概念进行过渡，利用恰当的比喻和贴切的生活例子展现前沿研究理论，使学生触及函数概念的最终研究成果。

此外，初中生由于身心还没有发展起来，所以自控能力比较差。在课堂四十分钟的时

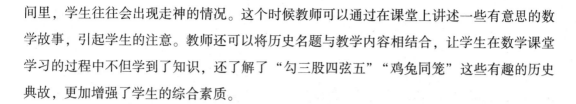

间里，学生往往会出现走神的情况。这个时候教师可以通过在课堂上讲述一些有意思的数学故事，引起学生的注意。教师还可以将历史名题与教学内容相结合，让学生在数学课堂学习的过程中不但学到了知识，还了解了"勾三股四弦五""鸡兔同笼"这些有趣的历史典故，更加增强了学生的综合素质。

（四）利用数学史宣传数学理念，激发学生的创新能力

将数学史融入初中数学教育的过程中，更要注重数学理念的宣传。对于数学科研而言，最重要的理念在探究。在数学教育中，应将侧重点适当的放置在数学理论的产生与发展上，使学生体会到数学理论的由来和完善，从而形成正确的科研理念和方法论。长久以来，数学均被视作严密的、无漏洞的学科，学生在学习的过程中仅是一味地接受和获取，从未对理论的成立与否提出丝毫怀疑。然而，数学的严密性和无漏洞性是在学科的发展过程中逐渐形成的。就现阶段而言，数学学科依旧存在稳定根基、探索发展的问题。使学生了解到上述内容，对于学生数学思维的形成具有显著功效。此外，还应宣传数学家的经典探索案例，使学生得到触动，从而使学生向数学家致敬，开展自我创新和探索。

第五节　明确数学概念的本质

一、与实际学习状况相融合，创建科学情境

数学概念较为抽象，初中生受到智力发展、年龄等影响因素的局限，若想系统掌握初中数学教材中的一切概念还存在一定的难度系数。所以，在进行数学教学时，要与初中生的心理发展特征相互融合，以此创建概念教学情境。如，初中教师在教授数轴概念的过程中，可以创设活动，研究实际生活当中的杆秤的主要特征，使用杆秤对物体的重量实施测量，秤杆的三大要素包含度量起点、度量单位、确定的增加方向。应用简单的图示方法来表述，指导学生使用直线当中的点，将其当作数，以此更加有效地学习数轴的概念。在学习"圆柱"的概念过程中，初中数学教师可以和学生的具体生活相互融合，添加圆柱的实际案例。如，天桥的桥梁柱等，然后再画出圆柱的标准图形，促使初中生能够在实践中掌握圆柱的概念。除此之外，在对初中数学概念进行教学的过程，其教师需要优化自身的教学理念，不但要了解初中生的学习态度、也需要创建平等的师生关系，营造轻松的教学环境。在全面探究教材内涵的根本上，创建问题情境，借助情境教学，提升初中生学习的热

情与积极性，增强初中生对数学学习的积极性。如，在教授商品价格的知识时，教师可以参照初中生的学习经验，应用课堂当中的配置，创建与现实中相近的商店，在课堂当中，教师转变为商店售货员的身份，经营的商品是课堂中经常出现的书籍、粉笔等，并且要明确标识商品的价格，学生以顾客的身份展开购物，在进行活动的过程中，初中生可参照自身生活经验对商品的价值与实际卖价展开具体的探究，使其轻松的环境中进行学习，在碰到难题时，可查看相关资料或者向教师寻求帮助。在进行情境教学的过程中，教师需要在合适的时间对学生实施指导，并且提出具备代表性的问题，如，商品价格与利润之间的联系等。

确保初中生可以在掌握一个知识点的基础上，实施下一步的教学，与此同时，教师设计的问题也需要具备深入性。如，商品在实施打折后，顾客获取利润的最大值，此种教学方式可以在一定程度上提升学生对数学概念学习的积极性，在此过程中，学生可以参与到活动中，对数学概念有最为深刻的理解。

二、在合适的时间进行教学指导

学习的主体是学生，但是受知识能力、年龄等局限，在进行数学学习时，会碰到一定的难题。因此，在进行教学的过程中，初中教师需要对学生实施一定的指导，确保学生可以了解学习方式，这样可以提升初中生学习的热情与质量。在对数学概念进行教学的过程中，需要使学生明确学习当中的难点与重点。在学习诸多图形后，促使学生在归纳总结的基础上，提出具备针对性的问题。如，正方形与圆的周长一致，但是哪个图形的面积会更大？班级内的学生可以划分成两个小组，A小组断定圆的面积比正方形的面积大，B小组断定正方形的面积比圆的面积大，由此，全班学生展开热烈讨论，提升课堂学习气氛，在必要的时刻，教师指导学生展开科学的计算，依据科学道理进行论述，由此增强学生对数学概念的理解力，更好的提升数学成绩。

三、整合初中数学教学内容

在进行教学的过程中，教师需要在掌握教学内容的根本上，整合教学内容，秉承教学内容开放的原则，创建科学合理的教学观念。在实施教材整合的过程中，可应用形式多样的方式。如，在学习正方形的过程中，教师可以选取在具体生活当中经常能够看见的物体，当成参考标准，吸引学生兴趣，在实施教学的前期阶段，教师可设置相近的问题，如，为什么多媒体的屏幕是方形的，在提出诸多问题后，需要要求初中生参照自身的经验探究答案，与此同时，要参照初中生对知识掌握度的差异性，在进行整合教材的过程中，进行有效科学的安排。

数学的学科逻辑特征和教材的传统规范，决定了数学教材的编写要做到内容铺排的阶梯性和连贯性、文字表述的严谨性和简明性。在这种以阶梯连贯的"线性"排列的知识点为主线的、以"演绎叙述"为主要形式的内容呈现方式中，知识构筑于严密的逻辑网络里，环环相扣，由低级到高级，由简单到复杂，由局部到整体；在这种表达规范下，所有数学概念、定理、法则及题例的表述都是严谨精练的，不可或缺的。孤立地看，教材中用以上方式去表述的所有内容都是重要的，但联系起来看，从学生的认知需要和情感需要来看，不同的内容却有不同的权重。人的学习过程是个体经验、知识和能力的构建过程；学生的认知不是一次完成而是在不断反复循环中实现的；在学习材料以整体—局部—整体的方式呈现的"非线性"状态下，学生的感悟才会形成，学习效益会更高；学生的能力不是靠按部就班的听教师讲解过程和结论都已经完备的材料，在逐步模仿中累积形成的，而是在从实际背景中提炼构造数学问题、解决条件和结论都未必完备的问题，靠独自领悟或合作探索的认知实践去形成的。应当把教学设计的出发点放在如何处理教材中"线性"排布的教学内容，重新整合为符合于学生的认知规律，以突出学习内容的主干，有利于学生全面发展的"主干结构"。以"全等三角形的判定"为例，教材的知识铺排顺序是，讲了哪一条判定公理之后就只出现一批应用该公理的相应练习，综合运用的练习出现在4条公理都单独讲完之后。按这种"线性"的知识铺排去施教，知识的结构是在相对长时间的局部堆积中形成，知识间的联系在局部堆积的过程中无法建立，结果通常是，当学生在某一课只学习某一判定公理时，能顺利地完成对应的习题（因为只需要模仿套用工具而不需要考虑选择工具），但当分别学完作为工具的4条判定公理后，面对需要正确选择工具才能完成的综合习题，学生便觉得困难。如果改变教材内容"线性结构"的尝试，在同一节课内用实验的方式学完4条判定公理，让学生尽早形成知识的结构，并在下来几节课的例题和练习中分层次地让学生接触需要选择判定公理才能完成的题目，也就是构建整体—局部—整体的结构。这样做，知识"主干"被突出呈现，知识"枝叶"被删节，"工具"已齐备的学生自觉地打消或不自觉地被取消了对教师的依赖，要尽早调动个人的潜能去面对任务，去补偿必须学习的，被有意删节的知识"枝叶"。教师集中讲课的时间少了，个别辅导的时间多了，学生的局部模仿少了，整体的联系和自主的探索多了，学生通过从简单到复杂的多次循环去内化知识，研究性的学习得以有效开展。

四、开放式教学

初中数学教材在进行编写的过程中，较为重视培养学生的特长，以此更好地符合形式多样学习程度的学生需要。如，在进行数学教学的过程中，有一条较长的绳子，一把剪刀、一个尺子、一个天平，在当前具备的条件中，怎样丈量出绳子的长度。大多数初中生应用的主要方式是，使用尺子一段段的丈量，把丈量的数据相互叠加，便是绳子的米数。部分学生是把绳子剪到一米，测试此段绳子所含的重量，然后再测试整体绳子的重量，最后一步是算出绳子的长度。由此可见，不同的初中生会应用不同的方式，对绳子的长度进行测量，这在很大程度上可以提升初中生学习数学的能力与学习成绩。

五、引导初中生参与学习活动

当前的教学观念是培养全面型的人才。由此，教师不但需要在教学的过程中培养初中生学习知识的水平，也要引导学生参加到学习活动中。在学习数学概念时，初中教师需要培养初中生探究数学难题与解决难题的水平。在数学教学的过程中，需要创建形式多样的活动情境，培养初中生对知识探究的水平。如，在教授三角形的相关知识时，可规划一系列问题，两个三角形是全等三角形，由此两个三角形的面积是相同的，假设反过来是否成立？两个三角形的周长是相同的，由此，两个三角形的是否全等，应用此类型的问题，引导学生参与到数学学习中，在对这两种问题展开具体探究的过程中，不同的学生应用猜想与证明的方式也存在一定的差异性，所获取的结果也是截然不同的，但是其主要的目的是，更好的融入数学概念的学习过程中，此种方式不但可以提升学生学习的积极性，还会增强学生的思维水平、动手能力。

六、科学合理的评价

在进行初中数学教学的过程中，教师要具备鼓励学生的方法，针对不同的初中生要给予合适的评价，提升学生学习数学的积极性与热情。如，教师要求初中生在学校中规划出一个休息场地，广场的面积等因素，都是由初中生自己决定。初中生可参照自身的生活经验、兴趣和对校园环境的熟悉程度，规划出多种方案。教师可以对优秀的规划方案进行一定的物质奖励，在最终的评选结果之中，全班学生都可以规划出种类不一的方案，部分学生规划的方案数量多达数十种，教师需要对学生的规划方案进行全面系统的评价，指出其存在的不足与优势，并且提出针对性的意见，帮助学生进行改正，以此提升学生的成就感，体验到成功的喜悦，并且增加对数学概念学习的积极性与主动性。除此之外，也可以提升初中教师教学的质量与效率。

综上所述，在整体的数学教学的过程中，数学概念占据重要位置。在进行初中数学概念教学时，教师需要以学生的具体状况与教材内容为根本，面对全体学生，指导初中生了解并且熟知逻辑思维的"语言"，逐步提升学生的数学思维能力，这样便可以在很大程度上提升数学概念教学的效率。初中教师在进行数学概念教学的过程中，需要向学生传授概念的出现、发展与应用等一系列程度，健全初中生的认知构造，增强学生思维水平，以此更好地提升初中数学概念教学的效率。

第七章 初中数学教学中思维导图的应用实践

第一节 思维导图在初中数学教学中应用的前期分析

一、学习者分析

思维导图在初中数学教学中应用策略的设计要与学习者的特点相匹配，充分了解学习者的学习准备、认知结构、学习风格和学习动机，以学习者为主体，有效地促进学习者的学习，并为后续的策略实施步骤提供依据。这里以初一下学期的学生为例，由于这一阶段的学生在经过一学期的学校学习与生活之后，对初中数学知识的特点有了初步的了解与认识，形成了自己的学习方式，并在期末测试中有效评价了学习成果，通过分析测试结果可以看到自己的不足之处，需要对先前的学习方式做出调整，从而制订下一学期的学习计划。思维导图不仅可以帮助学生理清思路，根据自身存在的问题有针对性地做出改进方案，还可以帮助学生建构已学知识的结构体系，为下一学期的学习打好基础。这一阶段学习者的分析包括三个方面：一是学生的认知结构；二是学生的起点水平；三是学生的学习风格。

认知结构是指个体观念的全部内容和组织，或者就教材而言，是指个体关于特殊知识领域的观念的内容和组织。影响学习者有意义学习的有三个认知结构变量，即认知结构的"可利用性""可分辨性""稳固性"。采取有效的方法与手段控制学习者的认知结构，提高认知结构的可利用性、清晰性和稳定性，可以有效提高学习者的学习质量和解决问题的能力。

了解学生关于某一部分学习内容的起点水平，可以通过编制试题、使用量表、观察与访谈等多种方式，通过对测试成绩与量表结果深入分析，再辅以课堂与课下的观察和访谈，可以发现学生对特定课程内容的准备程度与状态，如哪些内容已经掌握，掌握到什么程度，还需要添加些什么，哪些内容比较陌生，需要怎样补习等。策略设计的内容要做到详略得当，有针对性地对知识、技能和态度三方面进行全方位思考。

学生学习风格的分析是实现真正意义上的个别化教学的前提，利用多媒体技术和网络信息工具，针对每位学生的特点设计学习策略，创设与之相适应的学习环境。学习风格的分析方法可以在学习理论的指导下，建立不同的分析维度，编制量表，开展形式多样的学习活动，并辅以观察和访谈，针对不同特点与需要的学生采用有效的学习策略。

二、学习目标分析

学习目标的设计要考虑到学习需求、学习者特征和学习内容三方面要素，它的设定与达成是教学实践活动的基础与核心。学习目标可以分为认知、情感、动作技能、数学思考和解决问题。

1. 认知目标

①对所学知识内容的记忆，包括对数学概念、原理、过程和方法的回忆。

②把握所学知识的意义，达到转换、解释和推断的理解水平。

③能够将所学知识应用到具体的问题情境中。

④能够从整体上把握知识间的组成要素及彼此关联。

⑤能够将所学知识组合成新的整体。

⑥具备对所学知识做出价值判断的能力。

2. 情感目标

①培养学生对特殊现象或刺激的接受能力。

②保证学生主动参与学习活动并获得满足感。

③引导学生对所学内容的价值形成一种稳定的追求。

④帮助学生形成正确的态度与价值观。

⑤塑造学生个性化的行为特征与价值体系。

3. 动作技能目标

①培养学生身体与心理的预备调节能力。

②使学生能够按照提示的具体要求做出正确反应。

③通过不断的练习与操作来减少错误的发生。

④使学生具体的操作行为连贯化和习惯化。

4. 数学思考目标

①抽象思维与形象思维共同发展。

②能够运用数据描述信息。

③通过形式多样的数学活动，发展演绎推理能力和逻辑判断能力。

④能够清晰、有条理地表达观点，做出评价。

5. 解决问题目标

①能够运用所学知识与技能解决实际生活中的具体问题。

②能够与他人合作，共同完成具体任务。

③形成解决问题的策略，能够针对不同的问题采取不同的手段。

④通过解决具体问题发展自身的实践能力与创新精神。

三、学习内容分析

初中数学新课程标准将初中数学的课程内容整体分为四个方向，并对具体内容做出调整，从调整方向和具体要求可以看出，初中数学教育更加注重培养学生的数学思想与数学思维能力，利用思维导图可以有效地促进这一要求的实现。然而，并不是所有的学习内容都适合运用思维导图，因此要对学习内容进行深入分析，通过对具体内容进行选择和分类，进而充分发挥思维导图在促进学习效果中的作用。

初中阶段的数学教学内容包含四个领域，即数与代数、空间与图形、统计与概率、实践与综合应用。其中，初一阶段的学习内容分为十个章节，包括"有理数""整式的加减""一元一次方程""初步认识图形""相交线与平行线""平面直角坐标系""三角形""二元一次方程组""不等式与不等式组""数据的收集整理与描述"。各部分学习内容之间有着密切的联系，如"整式的加减"中所运用的法则，实际上就是将"有理数"加减运算中的数字换成字母；"合并同类项"与"去括号"法则实际上就是利用了有理数运算的分配律。这些有着密切联系的知识点可以作为学习内容选择的对象，利用思维导图建构有层次、有重点和有联系的整体知识结构体系。除此之外，还要根据新课标提出的要求选择能够培养学生数学思想与应用意识的学习内容，或者是对不同问题的不同解决方法进行概括与一一对应之后，再利用思维导图表达出来，这是对课本知识内容的提炼与升华。这样就涉及对不同类别与性质的学习内容进行具体分析。对学习内容的分类，除了依据四个领域分成四方面内容以外，还要对运用不同解题方法、数学思想和应用方法的题型进行分类。在对各类学习内容进行深入分析之后，还要根据学习目标的设定结果进行调整与修改，删除与实现目标结果无关的内容，再补充所需要的内容，最终确定要选择的学习内容。

四、教学策略选择

教学策略是对完成特定的教学目标而采用的教学活动程序、方法、形式、媒体等因素的总体考虑。在实际教学过程中，没有任何一种教学策略是万能的，策略的设计与实施要针对每个教学环节的实际情况，根据特定的学习目标来解决教学与学习过程中存在的问题。

（一）教学活动程序

将思维导图引入初中数学教学过程中，首先，要让学生了解思维导图的功能与作用，掌握思维导图的绘制方法与操作要领。通过问答的方式，让学生回忆已经学过的知识，发现自身存在的问题，并为新的学习做好准备。其次，引导学生在已学知识的基础上提出问题与假设，给出与问题相契合的题目，使学生在解决具体题目的过程中得出解决方案，领会解决问题的方法和步骤。再次，教师对学生的学习过程与成果做出反馈与评价，并指出存在的问题。学生通过观察与比较，发现新知识与已有知识之间的联系与区别。接着，教师布置任务，通过小组合作的方式完成学习目标。小组之间从不同角度互相点评学习成果，教师做好总结，给出解决某类问题的原理与步骤。最后，教师给出习题和作业，使学生运用所学知识解答问题。

（二）教学方法

思维导图的绘制关系到动作技能领域的学习目标。其中，与获得动作技能有关的教学策略可以选择教师示范、学生模仿的方式，在示范过程中辅以必要的讲解。此外，为了强化学生的动作技能，需要不断地练习并给予适当的反馈。在复习已学知识以及讲授新知识时，教师可以采用谈话法，通过一系列的提问来引导学生思考，进而促使学生独立得出结论。在向学生展示知识间的联系与整体知识结构时，教师可以采用演示法，通过模型、实物、图片、幻灯片等形式让学生直观地看到运用思维导图形成知识结构的过程。在让学生完成特定的学习任务时，教师可以采用讨论法，通过小组合作与交流进行思想的碰撞，从而产生新的想法。在强化学生知识与技能的理解和掌握时，教师可以采用实习作业法，组织学生自己动手操作，以培养学生解决实际问题的能力和创造能力。在教学实践过程中，还要根据实际情况将各种教学方法有机地结合起来，从而使各类学习目标都得以实现。

（三）教学组织形式

为了更好地符合教学实际情况，将思维导图应用到初中数学教学过程中，主要选择两种教学组织形式：一是集体授课；二是小组相互作用。在开展教学活动之前，教师要准备好课上需要的学习工具与相关材料。在教学活动进行的过程中，多采用问答的方式来启发学生独立思考，避免学生被动地接受知识，调节与控制教学的节奏与进度，注意学生的自主性与参与度。在教学活动结束之后，教师需要利用有效的手段对学生遇到的困难和取得的进步做出反馈，并依据学生的学习效果制订下一步的教学计划。小组合作学习包括课堂上的小组讨论与合作完成任务，以及课下 QQ 群和 QQ 空间的交流与共享。小组合作学习有利于学生情感领域目标的实现，小组成员向其他小组展示自己的学习成果、解释相关的设计思想与实现原理的过程，实际上也是学生掌握的知识得到进一步强化的过程。同时，教师通过观察每一位学生在合作学习中的表现，有利于教师发现学生自身的问题以及教学过程中存在的缺陷，进而更好地为今后的教学工作指明改进的方向。

（四）教学媒体

在确定了学习者、学习目标与学习内容，分析了教学活动程序、教学方法与组织形式后，还要选择能够满足特定学习情境需要的教学媒体。在充分发挥媒体自身优势的同时，也要丰富学习的内容，以更好地完成教学活动所要达到的目标。为了使学生形成知识结构的整体认知，掌握分析问题的方法，获取信息加工与整理的能力，具备数学思维能力与解决实际问题的能力，在教学活动过程中，教师可以利用幻灯片向学生展示每个教学环节的思维导图，并向学生呈现一些有助于引起他们注意、激发他们学习兴趣的图片、动画与视频，通过课上演示与课下网络分享，使学生通过不同的学习方式获得不同的感受，从而得到多方面的收获。

五、思维导图的应用分析

思维导图的具体应用需要注意下列几点。

首先，需要注意的是，教师组织学生绘制思维导图的过程，不是学生按照教师提供的导图成品或学习资料去画图，也不是学生翻开课本，看着目录与章节内容去画图，这时的学生只拥有四样东西，即足够大的纸、水彩笔和铅笔、大脑和想象。也就是说，要保证学生的主动性与自由度，表现为学生主动地对知识进行意义建构的过程。考虑到学生实际的学习环境与其他现实条件，思维导图的应用方式多采用手绘的形式，有兴趣和有条件的学生可以利用软件绘制。不过分拘泥于形式，而是以学生知识的掌握与获取、抽象思维能力与创新能力的提高为最终目的。

其次，在应用思维导图提高学生学习数学的效果时，要注意对数学思想以及不同题型的解题方法进行提炼与总结，还要更多地与实际生活联系起来，以增强学生的综合实践能力。

最后，由于思维导图并不存在统一的形式和硬性的规定，在引导学生绘图时要注意使用适当的方法来激发学生的想象力，如通过语言描述、多媒体演示或音乐渲染等方式，让学生在精神完全放松但思想高度集中的状态下充分联想与想象。对于具有较高创造性与创新水平的导图作品，教师要给予高度评价并向学生展示，从而鼓励学生大胆地按照自己的想法绘图。

第二节　思维导图在初中数学教学中的应用策略设计

一、示范与引导

将思维导图引入课堂中，教师可以采用不同的方式呈现不同的学习内容，通过比较让学生体验到思维导图的优势；也可以在一节课开始之前，或一节课结束之后，对前面所学知识或当堂内容进行复习和总结，边讲解边绘制思维导图；或是在解决具体问题时绘制解题思路的思维导图，使学生在具体应用过程中感受到其价值所在；还可以向学生展示一些思维导图的作品与资料，尽量选择与学生日常生活相关、容易引起学生注意的内容，使学生有眼前一亮的感觉。从学生在学习中遇到的困难入手，以满足学生的需求以及为学生解决具体问题为导向，使学生产生学习和掌握思维导图的应用方法的欲望，进而调动学生的主动性与积极性，使其有跃跃欲试的感觉。

学生有了尝试自己作图的欲望后，教师要给予适当的指导和建议。学生可以将中心区域想象成自己的大脑，或可以代表中心的主体形象，根据头脑中的发散方式自由、自然地向四周发展。教师要鼓励学生多使用关键字、代码、图画、不同颜色等方式，形成感官刺激来帮助大脑记忆，尽量使内容简单且生动有趣。学生要考虑到各个概念、各个部分之间的内在联系，以及知识点之间的逻辑关系与层级关系，将需要连接的部分用曲线连起来，标注所需要的关键词。思维导图的绘制不在于精美，不需要较高的绘画水平，导图表达的内容越清晰、层次越分明、思路越完整、重点越突出、每个关键词发散的曲线越多，导图就越丰富、越有价值。

二、局部化整

在学生对思维导图有了比较全面的了解并进行了初步尝试之后，教师可以有计划地按照从简单到复杂的过程，并遵循学生的认知发展规律来指导学生练习绘制思维导图。根据

"支架式"教学的有关研究可以发现，随着教师所提供的在学生认知发展水平内的概念框架的逐渐减少，学生对所学知识的理解会逐步深入和全面。教师可以向学生提供思维导图的一部分，让学生填补完整，再通过逐渐减少提供的部分，使学生逐步掌握操作要领与方法。

首先，给出思维导图的主题以及主题的子概念，然后提供几个关键字或图形，让学生通过选择和分析，将这几个选项填写在相应的位置上。其次，教师提供思维导图的主题与框架，并提出几个引导性的问题，学生在回答问题的过程中将相关内容绘制成一个整体。再次，教师给出思维导图的主题以及主题的子概念，让学生画出子概念的下一层内容，不提供关键字、框架、问题或选项。最后，教师给定一个主题，学生围绕这个主题绘制相关内容，表现为学生的独立探索与创作过程。

三、碎片拼接

将学生头脑中的知识碎片用有效的方式拼接成整体，再建立联系，是学生知识再构与重建的过程。另外，使用带有关键字或图形的卡片更加灵活，因为其方便移动和粘贴，可以增加学生操作的自由度。学生不必再对教师的讲解与板书奋笔疾书，只需对关键内容主动加工、分析与整理即可。这样，不仅极大地提高了学生的理解能力、记忆能力与创造能力，还增加了学生学习的趣味性。

学生可以把自己脑中零散的、独立的知识内容写下来或制作成卡片，通过分析和比较，确定主题概念与子概念，再将这些子概念按照一定的顺序排列起来，分别与主题概念建立联系，并在连线上标明必要的关键字或图标。对于子概念之间有横向联系的，要用可以区别的线条连接起来，并标明子概念之间的关系。比如，以"矩形"为主题，教师可以先把自己想到的知识点写下来，再拼接成一幅思维导图。教师可以为学生提供一些卡片，卡片上注明一些表示主题、第一层级和第二层级的关键字或图片，学生通过对卡片进行分类与比较，首先，找出最具有概括性和主题性的卡片放在最高位置；其次，找出与主题紧密相连、能够总结某一类知识的卡片放在下一层位置；最后，将剩下的卡片分别对应到同一类别中，并按照正确的顺序排列，再用适当的连线分别将三个层级的卡片连接起来，并在连线上做必要的标注。例如，教师给出一道题目，并提供给学生关于这道题目的相关卡片，学生在分析题目后，通过比较、移动、归位、粘贴、连接、标记的过程形成一张完整的思维导图。

学生在日常学习与生活中要养成观察、发现与记录的好习惯，在上课之前将预习时发现的问题做成卡片。在课上听讲时，把已经解决的问题卡片删除，并对重要的内容做好记录，可以是一些重要的概念和公式，也可以是一段话、几个关键字或代码，还可以是听课过程中产生的想法。课后对这些卡片进行整理，按照一定的顺序与层级连接成一个整体。当学习的新知识与积累的新卡片上的整体知识发生联系时，对其进行补充和修正。比如，在对"消元二元一次方程组的解法"这节课所做的预习、课堂记录与课后复习的内容进行整理时，教师可以为学生创造一个思维导图制作园地，需要足够大的空白区域。学生可以自由地使用粘贴和手绘的方式对园地中已有的导图进行补充。这一过程也表现为已有知识与新掌握知识的衔接，是知识片段的连接过程，同时也是学生合作而成的结果。由此可以看出，各种策略之间是不存在明显的界限的，一种策略中包含着其他策略的思想与内容，它们之间是相互渗透、相互促进的。

四、小组合作

学生的小组合作是在两个条件得到满足的基础上进行的：一是学生对某一部分知识有了一定程度的理解；二是学生对思维导图的绘制有了比较全面的掌握。

每个学生围绕主题绘制思维导图，在绘制过程中可以相互观察、简单交流，绘制完成后经过小组成员讨论形成最终作品。

小组成员经过讨论，将主题分解成几个部分，每个学生负责不同部分思维导图的绘制工作，最后将每个学生的思维导图拼接在一起，并通过交流做好补充和修改，形成最终作品。例如，对"有理数的运算"进行知识整理，小组通过分工，一半学生负责"基本运算法则"，另一半学生负责"运算率"，最后整理到一起。

每个小组选择发言人对小组成果进行解释，包括导图的设计思路，相关概念、关键词与符号的具体含义，各知识点之间的内在联系等，其他学生可以提出问题，发言人给予解答。学生通过讲解能够加深自身所掌握知识的理解与认识，还能使其他学生在知识重构的同时也受到启发，从而产生新的想法。

五、分步制作

分步制作是学生在一个完整的学习过程中按照一定的步骤绘制思维导图的方法，包括课前预习、课上听讲、交流与合作、课后总结与复习、考前准备和考后反思六个步骤。各个步骤之间并不是分开而相互独立的，而是层层递进、逐渐完善的过程。每个阶段都不仅限于知识点的简单罗列与总结，还要善于发现其中所蕴含的数学思想与解决问题的方法，并与生活实际相联系。

第一，课前预习。除了整理下一节课所学内容的整体脉络以外，还要把存在疑惑以及完全不了解的地方标注出来，并将以前学过的相关知识联系起来，带着问题深入思考与钻研，将预习过程中产生的一系列想法记录下来。

第二，课上听讲。课前预习使课上听讲变得有针对性，除了解决预习中存在的问题外，还要把相关重点、难点和疑点标注出来，并注意各知识间存在的关联。

第三，交流与合作。通过与教师和其他学生交流及时补充和修改，包括产生的新想法、需要添加的分支等，并对错误的地方予以改正。

第四，课后总结与复习。对课前和课上绘制的思维导图进行整理，在必要时重新绘制，总结自己的收获与感想，为下一步的学习做好计划与安排。

第五，考前准备。在考试之前，针对不同的题型做好解题方案，提前预测考试中遇到的困难，对整个考试过程做出详尽的计划。

第六，考后反思。针对考试结果发现自己知识结构中存在的漏洞，以及应对考试时自身存在的缺点，为下一阶段的学习提出具体要求。

六、网络交流与共享

教师要采取有效的措施来维护与保持网络学习活动的良性开展，帮助学生形成良好的学习习惯，鼓励学生勇于发表自己的见解，创作与分享独特的思维导图作品，以保证这一网络学习工具所具备的功能得到最大限度地发挥。

第三节 思维导图与初中学生数学自主学习能力

一、数学自主学习能力简介

自主学习（self-regulated learning）是当前教育理论和教育实践中的一个重要课题，在新课程改革中也将其作为一种新的学习方式，受到了人们的广泛关注。在学习论领域，自主学习则被看作是一种高水平的学习方式，研究者关心如何通过提高学生的自我调节水平来改善他们的学习成绩，使他们成长为有效的学习者。自主学习是学生适应学习化社会的一种有效的学习方式，也是让学生自己学会学习的一种重要途径。

（一）"自主学习"的概念

自主学习可以认为是自我调节的学习。数学自主学习可以认为是学习者根据自身认知风格，从学习动机、学习策略等方面积极主动地对数学学习过程进行自我思考、自我监控、自我评价、自我建构数学知识的过程，从而获得数学活动经验。数学自主学习是学习者自身学习数学的一种需要，也是学习者自然需求的一种表现。

（二）自主学习的特征

自主学习具有以下几个特征。

第一，自主学习具有选择性。学生根据自己的兴趣爱好、需要以及其他条件，积极主动地选择适合自己的教育方式，使学生的学习成为学生主体自身的要求，使学习成为学生自己能力体验的过程，从而实现学生自身主体性的发展。

第二，自主学习具有能动性。学生在学习过程中的表现形式是自律、积极主动的，学生有意识地监控和管理自己的学习活动，具备对自己学习及未来发展的自觉意识和能动作用。

第三，自主学习具有有效性。从某种意义上讲，自主学习是学生采取各种措施来使自己的学习达到最优化的效果，包括制订恰当的学习目标、选择合适的学习方法、调节自己的学习动机和情绪等方面，使学习过程更有效。

第四，自主学习具有相对独立性。学生在学习过程中是自主的，具有独立的主体意识，能够进行自我调节和控制，独立感知知识内容，从而获得学习活动经验。

第五，自主学习具有独特性。学生具有个体差异性，即使学习相同的内容，在学生的认知结构基础上，不同的学生选择的自学学习方式及掌握程度也是千差万别的。可见，其自主学习过程具有个性化的特征。

第六，自主学习的学习过程具有系统性。学生在整个学习过程中会系统地运用认知、学习动机、学习策略、行为策略等进行全面地管理和控制，以此来实现自己的学习目标。

二、思维导图对初中生数学自主学习的培养

自主学习是学生个体、行为和环境三个元素之间同时相互作用、相互影响的结果。学生不仅要有自我调节的能力和控制的能力，还需要接受外界的刺激，并以此调节自己的行为。

（一）学生自身分析

影响学生数学自主学习的个体内部因素有很多，包括自我意识、学习目标、学习动机、数学学习策略、数学思维能力等。其中，学习动机中的自我效能感和数学学习策略相

对比较重要，因为它们会直接影响学习动机和学习方法在学习中的运用。

1. 自我意识

自主学习在很大程度上都依赖于自我意识的发展。自我意识是学生主体对其自身的意识，包括自我监控能力、自我评价能力和自我控制能力。初中生已经形成了初步的自我意识，学习的目的性、独立性逐步增强，能够对自主学习进行自我监控、自我调节和自我评价。同时，他们也已经掌握了一些数学学习策略，能够比较自觉地安排自己的学习活动，并且这个阶段的学生有很强的可塑性，是自主学习培养的最佳时期。如果没有自我意识的形成，就不可能将自己视为学习的主体，也很难有意识地调控学习过程。

2. 学习目标

学习目标是学生学习引导行为的参照标准，并能够对学习的意义有所认识。在这个参照标准的指引下，学生会设置具体的、近期的和可实现的学习目标，并可以很好地调整自己的学习过程和学习策略。学习目标的制订通常会影响学生的努力方向，而恰当合理的目标会使学生在学习中自我监控学习过程，注意自己的学习进展，采取有效的学习方法，使学习向学习目标前进，最终获得成就感。

3. 学习动机

与自主学习相关的学习动机包括自我效能感、成败归因。在学生个体对自我行为的评价和反应中，自我效能感起着非常重要的作用。自我效能感是个体对自己胜任某项任务或达到某一作业成绩的潜在能力的主观意念。自我效能感决定着学生如何思考和体验自己的学习情境，并在这一情境中如何行动。通常自我效能感强的人愿意设置富有挑战且符合实际的目标，即使结果并不理想，也会试图加倍努力地去实现自己的目标。学生的成败归因如果是内归因，则倾向于把学习好坏归因于自身，如自己的努力程度、能力、学习方法等。通常情况下，内归因的学生更倾向于自主学习。如果一个学生具有积极的学习动机信念，相信自己有能力完成学习任务，具有学习目标，对学习任务感兴趣并认为任务是有意义的，那么他就会比其他没有学习动机的学生更有可能以深入思考探究和自我调节的方式投身学习当中，提高自身的认知能力，从而提高学业成绩。

4. 数学学习策略

数学自主学习必须以一定的数学学习策略为保障，即学生自己要"会学"。学习策略可以分为认知策略、元认知策略和资源管理策略三种，这三种学习策略对学生的学习有促进作用。比如，对任务的价值有高知觉的学生会使用监控策略；学生在学习材料的复述、精加工和组织时会用到认知策略；在自我调节时会用到学生的元认知策略和努力管理策略。同时，通过研究发现，自我效能感对于激发学生使用认知策略非常关键，自我效能对学生的学业影响以认知策略为中介。而认知策略等学习策略对学生的数学自主学习能力的提升，对数学学习积极性的提高，都有十分重要的意义。因此，学生的学习动机和学习策略对于自主学习的影响并不是孤立进行的，而是交互影响的。自主学习的学生对学习策略的运用会明显高于学习自主性差的学生，这些学习策略在某种程度上也能解释学生之间学习水平的差异。

5. 数学思维能力

数学思维活动是学生顺利地进行数学学习活动的核心，数学思维能力是学生在数学学习中进行数学自主学习活动的重要能力。初中生正处于由形象思维向抽象逻辑思维过渡的阶段。初中生的数学思维具有一定的敏锐性，他们在学习中能够记忆大量的数学信息，也能够从多角度去思考数学问题。但是，初中生的年龄特点和心理特点也注定他们在数学思维方面不够成熟，其思维比较发散，而且具有一定的盲目性，需要学生通过长时间、大量的探索才能够解决问题。同时，初中生的数学知识比较零碎，缺少系统性。因此，培养学生的良好数学思维，并采用合理的学习方法促进学生数学思维的发展就显得尤为重要。

（二）学生行为分析

1. 自我选择

学生根据自身学习水平的优势、劣势等个体内部的现实情况，分析自己应该选择哪种适合自己的学习方法和学习内容，选择和营造什么样的学习环境，对自己的学习时间做什么规划和管理等。因此，自我选择包括自主选择学习内容、设置学习目标，以及自主安排合适的学习时间来进行有效的时间管理，同时选择恰当的学习方式，自主制订学习计划，从而有效地完成某一知识的学习任务。学生根据自己的实际情况实施有效的自我选择方案，是学生自主学习的核心。

2. 自我观察

学生通过对自己的观察，能够掌握自己的学习情况和信息。学生通过自我观察来分析、诊断自己的学习是否达到了自己设定的目标，学习状况的进展与目标之间的差距，学习进度如何，选择哪种促进学习的策略。可见，自我观察对学生的自主学习过程起到监督的作用。有效的自我观察能够增强学生的自信心、促进学习效果，更有利于学生的数学自主学习。

3. 自我调节

自我调节是学生进行数学自主学习、自我培养的关键步骤，也是学习必不可少的能力。自我调节是学生依据自我观察的结果，及时调整学习进度和学习方法。学习行为的调节不仅受外界因素的影响，同时也需要学生自身的调节，依赖自身的标准调节。学生对自己学习行为的调节直接影响着他们的学业成果，学生自我调节水平的高低也决定着学生自主学习的效果。

4. 自我监控

自我监控是指学生在自主学习过程中，自觉主动地排除外界的干扰和诱惑，对自己实施合理、有效的控制，从而实现自己的学习目标，努力做到自己控制学习的进程，使其与预期的目标相一致。如果学习者不能意识到自己在做什么，现状如何，是无法对自己的行为和心理进行培养的，自主学习过程也就无法进行。学生的自我控制是通过自我行为的激励和克制来实现的。自我控制是学生顽强地克服困难、排除干扰，能够顺利地进行数学自主学习的力量，也是实现数学学习目标的重要保障。自我监控伴随自主学习过程的始终，是数学自主学习的关键过程。

5. 自我反思

自我反思使学生能够自觉地对自己的数学学习活动进行回顾、思考、总结和评价。学生的自我反思，有利于学生主动调节数学学习策略，选择恰当合理的数学学习方法，提高数学学习效率和数学学习质量。学生对自己学习活动的自我总结、自我评价等方面进行自我反思，既有利于学生的自主学习、自我教育，也有利于发展学生在学习中的主体性。

（三）环境分析

开展自主学习活动需要有环境的支持，因此营造并利用有利于自主学习的环境，是数学自主学习在数学学习过程中的一个重要因素。自主学习不仅仅由学生主体内部来决定学习过程，还需要受到环境、行为等因素的影响。环境因素不仅影响学生计划、调节、监控和反思自己的学习过程，还对学生的学习动机以及在具体学习情境中选择不同的学习资源和学习策略都有潜在的影响。自主学习环境因素可以分为社会环境和物理环境两类。

在社会环境中，榜样的示范、言语的传授和强化、教师的激励、同伴的帮助以及模仿对自主学习都有重要的影响。有效榜样的存在、教师及同伴的帮助、学生对自我调节反应的外部强化是学生数学自主学习的关键因素。

在物理环境中，信息资源、良好的学习环境以及为学生提供自主探索的学习氛围，对学生数学自主学习能力的培养非常重要。现代信息技术的发展改变了数学的学习方式和学习内容，在数学学习过程中提供图文并茂、丰富多彩的学习环境，使数学学习活动、学生数学思维活动得到有力的支持。为学生提供乐于探索、积极主动思考的数学学习氛围，提供适合学生数学学习的问题情境，更有利于体现学生的主体性，从而促进学生数学自主学习能力的培养。

社会物理环境与学生的成就目标、内在学习动机、学习效能感、学习策略等方面都有密切的关系。例如，学生对自己能力的判断依赖于环境特点，在非竞争环境中，他们的判断会参照自己的掌握感；而在竞争环境中，他们的判断则参照他人的表现。所以，学生的知识掌握感对学生自主学习能力的形成具有积极而准确的判断。竞争也在一定程度上促进了学生学习的自我提高和自我完善，让学生对自己的学习进行自我监控和深度认知加工。因此，挖掘初中生数学自主学习能力的潜能，不仅要调节学生自身的行为，还需要创设适合学生发展的社会物理环境。

三、思维导图对初中生数学自主学习能力培养的初探

学习数学这门学科是极其必要的，而且是非常重要的。数学这门理性思维的学科，向来都是以客观现实世界为背景，是了解、知晓和研究现实世界的工具。因此，学习和掌握数学不仅仅是获得知识，而是融汇成可以解决更多现实问题的能力，从而在数理思维上有所修养。

在学习数学的过程中，让学生自主绘制数学思维导图，以此培养学生的数学自主学习能力，使其养成良好的数学学习习惯。思维导图之所以有效，是因为它的动态形状和形式。它根据脑细胞的形状和形式绘制，目的是促进大脑快速、高效和自然地工作。教师可以从学生自身方面、行为方面以及建立自主学习的学习环境迁三方面来培养学生的自主学习能力。在自身方面，可以利用思维导图培养和激发学生的学习动机，培养其数学认知策略和数学思维；在行为方面，提高学生的元认知能力和解决问题能力，在自主学习中进行自我调节、自我监控和自我反思；在学习过程中创设适合学生数学自主学习的学习环境，培养学生合理利用信息资源，与同学间有效合作等。

（一）学生主体自主学习能力的培养

初中生处于儿童向青年的过渡时期，他们的自我意识不断增强，会有强烈的独立意识，虽然会依赖教师和家长，但他们仍然会渴望得到自己的独立地位。此时，从学生自身内部入手，利用思维导图培养和激发他们的数学学习动机，激发学生学习数学的兴趣，增强学生在数学方面的自我效能感，从而培养学生的主动意识。帮助学生掌握一定的学习策略，自主制订学习计划，利用思维导图记笔记、进行自主复习等，从而提高学生的思维能

力和创造力。由此，通过思维导图培养学生的自主学习能力，将会更有利于学生的未来发展。

1. 培养和激发学习动机

一切学习行为都是由动机引起的。学生在进行数学学习活动时，主动自觉地激发数学学习动机，并能够在学习数学的过程中维持良好的学习状态。学习动机是直接推动学习的一种内部动机，学习动机与学习的关系主要表现为一种间接的促进或促退关系。学习动机是学习活动顺利进行的重要支持性条件。学生只有在良好的学习动机驱动下，才能乐于主动学习，积极投入数学学习活动中。

（1）思维导图培养学生的创造性，激发学生的数学学习兴趣

学习兴趣是学习动机中最活跃的心理成分。如果学生对数学有兴趣，那么他会把学习数学看成是内心心理的满足，而不是把数学学习当作一种负担，这样会取得更好的学习效果。将思维导图运用到数学学习当中，利用思维导图建立数学知识间的网络联系，进而直观地展示色彩丰富的数学知识。绘制思维导图的过程也是创作的过程，在"画"中既能培养学生的创造力，又能够培养学生的思维能力；利用思维导图解题，体现了数学运用的灵活多样性，从不同角度发散思考，让数学的学习过程不再单调，增加了学习的乐趣。在学习过程中，学生的语言口头表达常常因为思维混乱而表达不清楚，用文字的描述也很难清晰地呈现要表达的意思，而思维导图可以通过图形来呈现知识间的相互联系，将相对冗长的语句简单概括，从而更清晰、准确地表达所要描述的内容。另外，思维导图还可以帮助学生理清思维，整理自己的观点，有条理地展现学生自己的想法和见解。学生在思维导图中可以产生一系列连贯的思考，从一个知识联想到一类知识，从一个思路扩展到多个思路，从而拓展学生的想象空间，培养学生的创造性思维。

思维导图使学生已有的学习动机和兴趣与学习发生联系，学生产生对数学的学习动机，给学生展示才能、体现创造力、展现发散思维的机会，发挥学生独立思考、自主探索的精神，从而促进数学学习的主动性，激发数学学习的兴趣，发展学生的学习动机。

（2）设置合理的学习目标，培养主动意识，积极参与学习活动，促进数学知觉性

学生主动设立学习目标，以具体的掌握性目标定向来设定某些知识的掌握程度或者运算技能、证明技能、推理技能等为目的，将更好地推动学生自主学习。数学知觉性是指对自己学习数学的目的和意义的正确性与重要性有深刻的认识，从而能自觉地进行刻苦学习的品质。学生设立近期的学习目标能够更好地增强学生的自我效能感和自我调节、监控能力，学生通过思维导图设置学习目标，将所要掌握的知识和技能清晰地呈现，更有利于学生更快地看到自己某些方面能力的增长。对于学生自己设立的目标，能够更明确地让学生

知道自己该做什么、怎么去做，从而也能更好地调节和监控自己的学习过程，促进学生的数学知觉性，从而更好地进行数学学习。

（3）促进数学知识的理解与掌握，增强学生的自我效能感

学生在绘制和整理思维导图的过程中，查找和选择关键词、核心内容，这个过程可以更好地帮助学生加强对所学知识的理解，以及对学习内容的进一步深化。同时，系统科学地对知识资源进行有机结合，既有助于学生数学知识的完整建构，也有利于学生深刻地体会数学知识的系统性，从而更好地帮助学生整体地把握所学知识，对数学知识形成一个整体的框架结构。此外，运用思维导图还可以将知识的结构清晰呈现，并且更容易记忆，从而能够很快地将知识从大脑中提取出来，更好地运用知识解决问题，既增加了学生的自信心，也增强了学生的自我效能感。

2. 培养数学学习策略

学习策略是学生进行数学自主学习的一个重要的自身内部条件。培养学生掌握一般的和具体的数学学习策略，如制订学习计划、时间管理策略、记笔记、解题分析、复习策略等，通过举例来说明这些策略适用的条件和范围，让学生将这些策略运用到具体的数学学习中，不断练习熟练运用。

（1）制订合理的学习计划，帮助学生规划学习

自我数学学习计划是学生从自身出发，激发学习动机，自我建立和调整数学学习目标，在一定的时间和环境条件下，运用适当的方法和策略，对学习过程进行自我观察、自我调节和自我评价的过程。学生制订自我学习计划的基本要素包括学习目标、学习内容及范围、学习重难点、学习策略与方法、学生时间安排等。利用思维导图制订学习计划，由学生主动设计、实施，并自主规划学习。如果学生的自我学习计划能够顺利实施，学生对数学学习的积极性、主动性等都会得到很好的激发。

学生利用思维导图来进行自我学习计划，可以从以下三个具体问题出发。

第一，每天数学学习计划。包括作业、复习巩固、预习等方面，以及这些所包括的具体学习内容和相应的时间。

第二，每周数学学习计划。包含每天的数学学习计划以及数学学习的具体目标，同时还可以相应地对一周的学习计划实施情况做适当的控制和效果评价。

第三，考前复习学习计划。计划中安排不同的复习内容，如从基础知识、重难点、相关题型、解题方法、技巧等不同方面制订学习计划。同时，在计划中还可以制订自己想达到的学习成绩等效果目标。

在自我计划的思维导图中，对不同的内容做适当的标记，以清晰地展现这一学习计划

的学习效果。自我学习计划的设计只是一个设想，是自主学习的一个实践过程，只有自我学习计划得到很好的实施，才能更好地进行时间的管理和规划学习。

（2）利用思维导图记笔记，便于学生理解与记忆所学知识

若笔记中有学生自己的思考和见解，他就会从中受益；学生若对笔记的内容进一步进行加工和整理，作用就会更大。然而，大部分学生在记笔记时常常把教师写在黑板上的内容抄下来，笔记很工整，但对教师讲解的知识内容却并不能够很好地理解，对关键概念和知识还缺乏深入的理解和思考。因此，合理有效地记笔记才能保证数学学习的有效性。

有效的笔记必须符合以下标准：一是有计划、有重点、有预览；二是清晰可辨，综合各种情况；三是反映目前的知识水平；四是一种保持信息的方式；五是便于记忆；六是便于交流信息。利用思维导图来记笔记就能够满足以上标准，这也与思维导图本身的特点是密不可分的。利用便于记忆的关键词、色彩、符号、线条等，让学生主动地在原有认知结构的基础上建构新知，从而更好地理解、记忆和储存所学知识。

（3）利用思维导图进行自主复习，便于知识的系统认识

数学复习在掌握知识的同时，也能理解知识之间的关系，从而将数学知识系统化。然而，对于大部分初中生来说，他们的数学知识是零散的、琐碎的，即使教师在复习课中对知识进行总结与归纳，但真正使学生自身认知结构中的数学知识系统化的却不多。知识只有让学生自己动脑去思考、动手去整理，才能把知识转化成自己的知识。利用思维导图可以进行每天知识复习、周复习、单元复习、期末复习和专题复习，合理地利用这些复习策略，让学生进行数学知识的分析、整理与总结，将已掌握的抽象数学知识可视化，再加上自己动手制作思维导图，将知识内化为自己的数学知识，使数学知识系统化，从而培养学生的自主学习能力。

3. 提高思维能力

思维导图是引导学生将大脑中储存的信息分类，并归纳到已有的知识体系当中。思维导图是发散性思维的表达，也是人脑思维的自然功能。每个学生在运用思维导图的过程中，由于思维的差异性、学生的独特性，每一幅思维导图都是创作。将思维导图应用到数学学习中，能够促进学生的发散性思维和创造性思维。

（1）展现学习的思维过程，提高逻辑思维能力和发散性思维能力

学生通过对数学的学习，能够自觉地掌握数学知识并运用数学方法、数学思想及数学逻辑规律进行独立思考，从而培养学生的逻辑思维能力。每一个数学概念的形成和发展都有丰富的经历，学生学习知识的过程也应如此。例如，在初中代数体系中，经历由有理数到实数的完善，在学习实数的过程中可以依赖已有的有理数知识经验，进行类比、分析、

归纳等思考活动，将这个过程用思维导图展示出来，能够体现数学知识在学习时的思维过程，从而提高学生的逻辑思维能力。发散性思维是创新思维的重要部分，从已有的信息出发，不受限于已有的知识范围，不受传统、固定思维模式的束缚，采取开放的思维方式，是一种多向的、立体的和开放的思维。在学习和解题过程中，经常会遇到一题多解的情形，这就需要学生能够从多角度、多方面去思考，从中提出自己的见解，循序渐进地对这些解题方法归纳总结，进行知识迁移，从而训练学生的发散思维和概括总结能力。

（2）数学知识可视化，将数学知识形象直观地表达，发展数学形象思维，提高学生的创造性思维

建立数学知识网络，将所学的新知与原有的知识经验建立联系，既拓宽了知识内容，又加深了学生对知识的理解。例如，在学习相似三角形的过程中，与之前所学的全等三角形建立联系，把全等三角形看成是相似三角形的特殊情况，将其性质和判定由全等三角形的研究方向出发，探讨相似三角形更广泛的性质，从而实现从特殊到一般的发展规律。与此同时，建立知识网络，将文字知识与几何图形相结合，能够将数学知识更形象直观地表达，以此进行对比、总结和分析，精炼知识，有效而合理地把知识纳入已有的知识网络当中，将数学知识可视化体现出来，理清知识脉络。学生具有将所学概念重新排列并建立联系，将已有想法联想新知表达独特观点，使用不同的色彩和形状表达创造性思维等方面的能力，思维导图是这些能力的一个整体反应，也是学生完整的创造性思维过程的一个外部表现。另外，思维导图还可以使用创造性思维技巧，让学生在自我目标的实现过程中，不断地增强思考能力，在轻松愉悦的构图过程中突破惯性思维，产生新创意、新想法，从而培养和发展学生的创造性思维。

（二）行为方面自主学习能力的培养

1. 提高元认知能力

（1）自我调节和自我监控

学生初步设计自我学习计划后，这只是一个设想，是否符合学生的实际学习情况，能否按计划、按时保质地完成，或者在实际学习中利用有效的方法提高学习效率，这都需要通过实践来验证。在这过程中需要学习者进行自我观察、自我调节和自我监控，这是学生进行自主学习的关键过程，学生只有进行自我监控的时候，自主学习才成为可能。学生自我监控的方法有很多，在自主学习过程中，自我控制可以体现在对学习目标、学习时间或学习行为所做的调整和纠正中。

（2）自我评价

第一，自我预习进行效果评价。在预习中可以利用色彩和不同符号进行标记，让自己清晰地明确哪些知识已经理解，哪些知识还有疑问，哪些知识在运用过程中还存在问题，这样就能够更好地指导课堂学习。

第二，课堂笔记评价。利用笔记思维导图，对课堂中的疑问、重点和难点进行标记，以及时反馈自己知识掌握及自我表现的评价。

第三，对课后作业情况进行自我评价。

第四，对考前复习知识掌握效果的评价。利用考前思维导图复习，对知识有系统性的把握，根据知识的掌握情况合理地安排时间，并对难点突破等方面进行及时反馈。

第五，知识掌握评价。哪些知识掌握和运用得比较好，而哪些知识掌握得不够扎实，在知识的运用过程中还存在哪些问题。

第六，学习策略的自我评价。例如，学习中运用的哪些策略比较有效，哪些还需要做进一步调整，原因是什么，在以后的学习中将如何处理类似的问题等。

2. 解决问题的能力

数学学习最重要的目的之一就是培养学生的逻辑思维，提高提出问题、分析问题和解决问题的能力，从而适应社会的发展。利用思维导图进行自主学习，激发学生从多角度思考问题，从而了解和掌握问题解决的策略。

（1）帮助学生养成分析问题的习惯

学生在解决问题的过程中需要对原有知识进行重新组合，这就需要学生从记忆中迅速找出与问题相关的信息，找到可利用的资源。在这个过程中，学生要注重对问题的认真了解、分析，根据要求解决问题，将精力集中在问题的分析、思考和解答过程中。问题解决的方法通常具有多样性，让学生尝试从不同的视角去思考解决问题的方法，努力提出与众不同的见解，从中寻找出解决问题的最佳方法。思维导图可以展现学生对于问题分析、解答的过程，清晰地展现学生的不同视角，更有利于学生的问题解决。

（2）训练学生表述自己的假设及其步骤

学生根据问题自行思考，从不同的角度看问题，让学生根据已有的知识和经验大胆地提出假设，做不同的尝试，以完善解题过程和步骤，最终找到可行的方案。

3. 创设自主学习的环境

学生根据数学学习的需要以及身边的学习环境，尽可能地创造有利于学习的条件，如利用网络寻找学习资源，绘制数学思维导图，利用模型、计算机进行数学实验，从而更好地解决问题，寻找学习中的合作伙伴。

（1）合理利用信息资源

思维导图的绘制可以使用很多数学软件，可以帮助学生很好地运用信息技术来促进有效学习。在网络技术的支持下，学生可以找到可利用的资源，让学生能够在更广阔的空间中学习、交流与合作。

（2）学生合作

通过学生间的互助合作，从而培养学生的合作精神。学生小组合作商议某一课题的思维导图，通过思考、讨论从哪些方面探讨所定的主题，然后将小组成员的思维导图进行整合，以激发成员间的灵感，对集体思维导图不断补充和扩展。这样，学生合作的思维导图不仅能整合小组成员的智慧，还能够更加全面和完善地表现所探讨的主题。同时，对于知识以及知识所涉及的相关问题的理解更加深入。

第四节　初中数学核心知识点与思维导图的应用

一、数学核心知识

（一）数学核心知识内涵

1. 数学课程的核心知识

数学课程的核心知识是构成数学课程的基本组成部分，也是课程内容中最重要的部分。数学课程知识的呈现形式是文字、图形、数学符号等，反映的是数学概念、公式、性质、法则、定理、逻辑等知识体系，其中也包含默会知识。数学的学习过程与学习内容是不同的知识类型，从知识分类来看，数学学习过程是一种程序性知识，是一种专门的知识类型，与数学课程内容相比，应该给予同等的重视。数学课程的核心知识能够反映课程标准中的教学目标和教学内容，是数学课程的核心内容，也是学生基础知识和基本技能、逻辑推理能力、运算能力、空间观念和解决简单问题能力要求的体现。

2. 数学教材的核心知识

教材是将知识传授给学生的基本载体，也是进行教育教学活动的重要媒介。数学教材的核心知识是对数学教材进行深入研究、分析，根据知识的本质特点和教学目标的要求，结合相应习题的考查，从数学知识体系中选取基础性的知识，能够反映知识的重要性，从而帮助学生更加明确学习目标。

（二）数学核心知识的特征

初中数学的核心知识是课堂上学生需要灵活掌握的基础知识，学生在学习这些知识时，需要将新知识与认知结构中已有的知识经验相结合，通过内化这些知识，熟练地掌握知识之间的关系，这样才能更加有效地解决数学问题。

1. 基础性

知识来源于对客观世界的认知，又能够真实地反映客观世界。数学来源于现实生活并影响着现实生活，反映的是数学与生活的联系。数学核心知识是从数学教材中提取出来的知识点，能够反映出教育目标对学生关于数学知识点的学习要求。数学教材中所呈现的知识不是为了研究新的数学结果，也不是解决实用问题，而是为了向学习者呈现并传授数学中的概念、性质、公式、法则、定理及其内容。多元文化的数学素材是从学生所熟悉的现实生活角度出发，与现实生活相联系，是基础性的知识。通过对基础知识的学习，能够帮助学生理解数学知识的基本思想和方法，从而发展学生的数学能力和数学素养。

数学核心知识在数学学科中处于基础地位，一般性知识是在核心知识的基础上建立起来的。但是，基础性知识并不等于简单的知识，学生在学习基础知识时可能会对某些知识比较容易把握，也会出现感到学习起来比较困难的知识。无论这些知识有多复杂或多简单，都是一节课、一个单元、一个学期或一本教材基本的教学内容，教师在准备教学活动时要把握好对基础知识的教学。在数学教学中，教师可以先引导学生学习核心知识，建立相关概念，形成核心知识模块，为以后学习和发展其他非核心知识打下基础。

2. 层次性

层次是帮助学生建立知识逻辑的基点。事物都有主次之分，层次反映着事物与事物之间的逻辑关系，也将各事物有机地组织起来，进而形成一个有序的整体。数学知识来源于客观现实，反映着客观世界的普遍特点。但客观世界本身就存在许多层次，从横向的角度来分析，空间内无数客观事物并存；从纵向角度来分析，则表现为事物内部构成要素的层次关系。数学知识不是人类对数学对象感性经验的产物，它的构成经历了一系列抽象的过程，是理性抽象思维的产物。而抽象思维遵循人类认识运动的一般规律，认识会通过思维活动先对感性的具体表象分析出各种单相的、僵死的、静止的、孤立的抽象规定，而后又在思维的行程中将这些抽象规定联结起来，综合成具体的思维再现出来。具体的思维又可作为进一步抽象的素材，重演由"具体—抽象—具体"的认识运动过程。这就构成了每一循环都使数学知识的抽象层次上升一级的数学抽象思维系统，不断循环往复，不断上升。数学知识的这种抽象便决定了数学知识系统的层次结构。

对于数学知识而言，较高层次的知识能够对整个对象做出全面、系统的概括，具有概括性；而较低层次的知识，则能够反映出对象的某个局部或是就某一对象的具体表述。因此，依据教学目标对数学知识内容做分析时，既要把握知识的主次之分，又要反映数学知识的主要概念、主要思想方法。在课堂上，学生首先要学习的内容也应当是主要知识，而次要知识反映了数学知识的次要概念。虽然知识点有主次之分，但是两者都是数学知识中学生应该掌握的学习内容，都是核心知识。

3. 发展性

核心知识的形成经历了"形成—发展—完善—完成"这样一个漫长又曲折的过程，它并不是一蹴而就的。经历这样的一个过程，就使得核心知识系统与外部世界具有一定的联系性。数学核心知识系统不是一个呆板的系统，是动态开放的系统，因此核心知识具有发展性。第一，数学知识系统具有过程性的客观基础，它是从量的角度探索和研究客观世界的，而作为数学研究对象的背景、源泉，其客观世界和客观事物的存在是一个过程。第二，数学知识系统的形成不仅受到人的认知能力的影响，还受到外部世界的制约，因为该系统属于认识的范畴，是由概念、原理、推论等组成的知识系统。在人类认知发展的过程中，人的认知能力是至上的，但又是非至上的，表现出人类的认知能力又有其自身的矛盾性。因此，数学知识系统的形成是曲折的，从而使数学知识系统呈现为发展状态。

二、初中数学核心知识思维导图设计

（一）初中数学核心知识与思想导图的关系

1. 核心知识是思维导图整合的对象

数学核心知识的本质符合思维导图整合对象的特点。"知识"是人们在对客观世界进行改造的实践中获得的认识和经验的总和。核心知识是单元教学活动中需要学生理解和掌握的主要的、基础性的知识，也是在课内必须让学生掌握的基础知识、基本技能与根本素质。从知识可视化的角度分析，利用思维导图梳理核心知识的主线，能够实现知识的创造和传递。可视化内容的教学需要遵循三个原则：一是信息组块原则，方便促进学生进行深度学习；二是时空临近原则，以减少学生注意力的分散；三是一致性原则，避免内容上的沉冗。核心知识能够把教材知识点串联起来，使之成为融为一体、有机关联的内线，是教学活动的基轴与焦点，具有统摄性与内核性的特点，是整个知识单元的细胞核，也是知识的主体部分。核心知识是组成知识网络的内容，思维导图是可视化的工具，也是有效构建知识网络的手段。因此，核心知识是对象，思维导图是图解手段，将核心知识内容按照一定的逻辑构建起知识网络，是将知识有效传递的一种方法。

核心知识与思维导图的结合是创建高效课堂的一把利器。要创建高效课堂，优化课堂教学结构，则需要优化教师的教学设计，需要对核心知识进行梳理。依据数学课程标准与教学目标，梳理出数学学科的核心知识内容，学习思维导图的绘制原理与方法，构建数学教材中知识的框架，将有助于课堂教学的优化。

2. 思维导图是知识可视化的工具

知识可视化是对复杂知识的一种图解手段，可以用来构建知识，也可以用来传递知识，主要是以人类的知识经验为对象，通过对知识进行建构并实现人与人之间的交流，从而达到传播和再创造的目的。通过绘制思维导图、知识图标等形式，可实现知识可视化，而且有交互作用的知识是存在于人与人之间的。

知识可视化能够实现知识经验传播的前提是，需要借助一定的工具或方法。思维导图被发明的最初目的是作为一种高效地记笔记的形式，纠正传统记笔记时不突出关键词，不容易记忆，不能够及时、有效地刺激到大脑的缺点。通过使用思维导图，可以将教材中的核心知识主线梳理出来，采用语言、数字、图像、颜色等多种形式，以核心知识为绘图内容，帮助学生形成一种能直观、可视化的导图。这种知识可视化的工具能够有效地将知识结构形象化，帮助大脑积极地参与到学习活动中，是一种有效帮助学生学习的导学工具。借助导图对知识进行加工、整合，可以帮助教师更好地分析教材、设计教学流程。

（二）初中数学核心知识思维导图设计的可行性分析

思维导图是帮助学习者提高学习效率的一种方法，也是大脑思维方式可视化的一种表现形式，其用途非常广泛。设计思维导图的最初目的是帮助人们更加系统地识记知识，这种新的方式不仅仅是按照模板的设计来探究问题的解决途径的，更多的是运用这种工具配合使用灵活的思考方式来更好地分析并解决问题。线性思维方式只是单一的思考方式，不能全面地掌握所要分析的对象，而发散性的思考则会帮助学习者更完整地了解对象的特点以及相互之间的关系，从而更好地解决问题。

数学课程标准要求从理论到实践地对数学内容去理解、领悟和体会。创新思维具有新颖、突破常规和灵活变通的特点，其实质是对学生多元思维的发展，再对信息进行组合后产生新的效果。在思考问题的过程中，运用创新思维是学生学习的本质，学生能够灵活地理解和掌握数学知识是数学学科的教学目的之一，而学生创新思维的发展能够帮助学生更好地掌握知识。

综上所述，从数学注重逻辑推理这一角度分析，思维导图的理念与数学的研究过程不谋而合，思维导图能够将人脑的发散性思维以可视化的方式呈现，其创作的过程是学生运用多元思维解决问题的过程。因此，思维导图的利用将能极大地促进学生创新思维的发展，从而帮助学生更快速、更牢固地掌握知识。

（三）初中数学核心知识思维导图设计的思路

1. 梳理核心知识

核心知识的梳理是核心知识导图设计的第一步，只有把基础建好，才能更好地完成后面的工作。教育者要对数学理念、数学方法、课程内容、教学目标等做一个全面的解读和分析。只有对数学核心知识有了基本的框架意识，才能更方便地进行详细的知识梳理。

2. 外部知识结构建构

所谓外部知识结构建构，是指借助于学科的知识结构，以确定该内容在初中数学核心知识体系和数学教学中的地位，以及它与其他单元的联系，是该教材内容与其他外部知识的联系。对知识的整体框架的建构，是对几个主要核心概念建立相互之间的联系而形成的知识框架。在这一步骤中，我们对每一个学习模块的内容分别进行外部知识结构建构，根据教材后面的内容结构图，按照学习时间的先后顺序，梳理线条。第一，根据教材筛选关键词，如"函数"。第二，根据教材列出相关内容，如"函数"包括基本知识、具体函数两方面，其中基本知识是对函数相关概念的解释，如"函数""变量""常值函数""函数表示法"等；具体函数包括"正比例函数""反比例函数""一次函数""二次函数"。

3. 内部知识结构建构

所谓内部知识结构建构，是指找出该知识内容所包含的知识点以及其相互之间的关系，如例题、练习题和复习题与所对应知识点的联系，是该知识内容的内部联系。数学内部知识结构的建构，是通过对数学具体知识相互之间的关系进行梳理而形成的知识结构。

4. 绘制思维导图

根据以上步骤将初中数学核心知识梳理出来之后，就可以使用思维导图软件或者使用手绘法绘制思维导图了，具体的步骤在第四章中的思维导图绘制方法中已经有所介绍。

5. 修正与完善导图

在这一过程中，要对数学核心知识进行准确、细致的梳理，要把握好知识点的来龙去脉，还要梳理出每个知识点所涉及的核心概念和关键词，单单靠个人对课程标准和教材的理解是不能够准确、完善地呈现知识网络的。因此，在这一步骤中，可以向一些专家、一线教师进行咨询、请教，并且请他们对自己所梳理的知识点进行修正、完善。

6. 反思继续梳理

至此，初中数学核心知识导图已经初步形成，但是如何将核心知识体系与数学教学相结合，还需进一步整理。

三、初中数学核心知识思维导图设计的教学应用

（一）初中数学核心知识思维导图教学应用课型

1. 知识形成课的教学应用

知识形成课主要有概念教学课、运算教学课和规律教学课三种。其中，概念教学课主要是讲解数知识、形知识和统计知识的数学课，是知识形成课的基础；运算教学课是讲解数运算的数学课，在整个教学课程中占有一半以上的教学量，几乎所有的数学问题都需要归结为运算才能得到解决；规律教学课主要是探讨数规律与形规律的数学课。在这三种类型的数学课中使用核心知识导图，有助于教师在讲解知识框架时，帮助学生有条理地学习数学知识。比如，在运算课中，将新运算与旧运算之间实现相互转换，可以帮助学生实现新运算的意义内化。在初中数学运算中，教师应注意引导学生经历将复杂问题划归为简单问题的过程，通过核心知识的梳理，可以将数学知识更加有条理地讲授给学生。

2. 练习课的教学应用

练习课是指在知识形成课或一个单元知识学完之后，以解答相关练习题的形式围绕所学知识进行巩固练习的课型。它有三个目的：一是帮助学生了解和熟悉相关知识的题型与书写格式；二是帮助学生形成问题解决方法的整体认识，能结合具体问题情境，根据整体中的各种方法做出恰当的判断与选择；三是提升学生综合运用知识来解决实际问题的能力和灵活的思维品质。将核心知识导图应用于练习课中，可以帮助学生巩固认识问题、解决问题的思维方法。对一个单元或者几个知识内容进行练习，可以将不同的知识进行联系，以帮助学生快速回忆单元内已经学过的知识，通过题组练习对单元内的相关知识进行比较沟通性地变式练习，让学生综合比较沟通，从而形成知识的清晰认识。

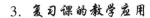

3. 复习课的教学应用

复习课一般是指在一个单元教学或较长的教学阶段结束后，对所掌握的知识进行系统的整合与梳理的课型。对复习课进行教学设计的目的是通过教师的引导，学生能够主动地对知识进行系统的复习整理，能够提高对所学知识的结构认知和融会贯通的能力，从而实现对所学知识个性化和创造性的内化与占有。将核心知识导图应用于复习课中，首先，针对教学结构是对数学教材知识进行拓展延伸性质的教学，既是学生在认识教材内容的基础上的进一步思考和研究，也是学生对教材知识纵向联系的深度认识；其次，针对教学过程是对教材知识进行复习整理的教学，既是学生对知识点内在联系的梳理和沟通，也是学生对教材知识横向联系的广度认识；最后，针对教材知识进行专题技能形成性质的教学，既是学生在教材知识网络结构化基础上的灵活运用和创造，也是学生对教材知识融会贯通的生成性认识。

（二）初中数学核心知识思维导图的设计策略

运用思维导图进行课堂教学可以有效地提高课堂的教学效果，基于核心知识思维导图的核心知识体系，是教师进行课堂教学设计的重要辅助手段。教师在梳理核心知识时要做到完整、深透和准确。"完整"是指教师在分析教材的基础上掌握了完整的知识结构，并在教学活动中以结构化的方式把知识传授给学生；要做到"深透"，不仅要熟知教材中的核心知识，还要从数学原理、数学教学方法中找到数学教学的精髓；"准确"是指任何教师对教材进行分析时都不能脱离课程标准，将课程内容及认知要求与教材中呈现的知识一一对应，做出准确的梳理分析，这样的教学目标才会更加清晰、明确。

1. 整合性策略，整体把握内容之间的联系

第一，数学教材内容的组织是有一定的逻辑关系的，内容的呈现方式也具有直线性，直线式的逻辑关系表现的是数学学科知识的内在逻辑。知识具有前后相连的关系，前面所学的知识为后面所学的知识奠定基础，后面的知识内容不会重复以前所学的内容，但需要在前面知识的基础上进行学习，揭示了知识的内在联系。

第二，构建知识网络是数学教学的重要原则，也是有效帮助教师的教和学生的学的重要教学方法。整体把握知识之间的内在联系，构建知识网络，不仅能深化每部分知识的理解和应用，还能从中提炼数学思想、提升能力水平。初中数学教材的知识内容不仅是根据初中生的认知规律及其身心发展特点编排的，还结合了初中数学知识本身的规律，所以它不是简单知识的零散堆砌，而是具有一定可循规律的纵横交叉、呈螺旋式上升的知识网

络。例如，在使用解析法求一次函数解析式时，要用到有理数的运算等相关的知识内容。也就是说，在这类相关问题解决的过程中，使用到了"函数与分析"和"方程与代数"的知识内容。在数学知识教学中，如果教师只关注这个网络中的某一部分，必然会造成学生知识的脱节。

整合性策略要求将数学课程内容的有相互联系的各部分紧密地联系起来，帮助学生在整体上理解数学知识，避免孤立零散地理解、学习知识，强调的是知识之间的横向关系。整合性是对数学各部分内容之间所固有的相互联系的反映，也是对学生从不同角度理解数学知识需求的反映，以帮助学生获得数学统一性的认识。因此，在引导学生绘制核心知识导图时，要以知识的整体为出发点，只有全面把握教材内容，教师才能更加方便地总结每堂课的教学内容，使教学简洁化。

2. 重点性策略，把握核心概念

概念是客观事物的本质在头脑中的反应，核心概念是数学课程的目标点，体现了数学的基本思想。在过去的数学教学中，学生通常是以"短、平、快"的方式学习概念，但是这种形式演绎的概念教学比较注重形式符号的操练，关于概念本身的理解和掌握方面会受到影响。对于知识点的梳理，不再是要求教师对知识进行简单的传授，而是要结合课程标准，深入分析教材中的知识点，做到对教材有较深入的把握。在解读教材时，不仅要整体分析各章节的知识内容，以建立整体的知识网络，还要深入地分析各种重要的知识点，准确地掌握教材每一部分内容编排的用意，做到融会贯通。因此，要对大量相同的材料进行梳理，发现其中不同的特点，再将这些特点作为标准进行逐级分类研究，把概念的本质特征凸显出来，并对这些本质特征进行归纳、概括、抽象、命名，进而形成了概念。通过对数学思想方法的解读，能让教师的教学更有深度。

3. 动态性策略，拓展深化核心知识

梳理核心知识的过程就是对课程标准深入学习和灵活掌握的过程，也是教师充分解读教材的前提活动。教师只有通过熟读数学课程标准，充分理解课程标准中教学目标体现在知识内容中的具体要求，以及对数学教材内容的深入解析，才能更好地将课程理念、要求反馈到课堂教学中，这样有利于提高课堂的教学效率。通过对教材内容进一步开发和挖掘，围绕这些拓展延伸的内容进行深化探究，以帮助学生对教材内容进一步深入认识，以便实现温故知新的教学目标。对于初中阶段的学生而言，其心理发展正处于抽象思维能力和逻辑思维能力逐步提升的关键期，还没有完全脱离具象思维。在绘制核心知识导图时，教师要考虑到学生在思维活动中自我意识的提高过程，要通过不同阶段、不同形式的核心

知识导图来实现学生学习能力的递进培养以及思维水平的螺旋提升。将课程标准与教材对接是设计初中数学核心知识导图的必要环节，为更好地找准知识的生长点，教师还需要梳理知识点之间的前后联系。这样，教师才能在教学中做到沟通前后联系，为学生的继续学习奠定扎实的基础。

参考文献

［1］ 窦龙江，殷爱梅，梁秀红. 初中数学学科能力的培养［M］. 青岛：中国海洋大学出版社，2017. 12.

［2］ 张荣良，王如东. 初中数学教学的思考与研究［M］. 天津：天津科学技术出版社，2017. 06.

［3］ 胡明亮. 中学数学教学思考与实践［M］. 成都：西南交通大学出版社，2017. 01.

［4］ 赵士元. 数学思考之美［M］. 苏州：苏州大学出版社，2017. 01.

［5］ 冷芬腾，吴有昌. 旨在培养高阶数学思维能力的教学创新与实践［M］. 广州：华南理工大学出版社，2018. 04.

［6］ 张明纪. 初中数学教学设计与教学方法研究［M］. 青岛：中国海洋大学出版社，2018. 12.

［7］ 刁晶华. 数学思维教育理论与实践研究［M］. 成都：电子科技大学出版社，2018. 04.

［8］ 徐杰. 全品数学一个初中数学教师的探索与研究［M］. 青岛：中国海洋大学出版社，2018. 11.

［9］ 周春荔. 初中数学竞赛中的思维方法第 2 版［M］. 合肥：中国科学技术大学出版社，2019. 11.

［10］ 李卫华. 中学数学教学思维与创新［M］. 天津：天津人民出版社，2019. 08.

［11］ 朱光艳. 数学教学与数学核心素养培养研究［M］. 北京：北京工业大学出版社，2019. 11.

［12］ 夏敏，田静，王欣. 中学生数学课堂核心能力的培养［M］. 长春：吉林人民出版社，2019. 12.

［13］ 杨尚茜. 好记的初中数学思维导图［M］. 郑州：河南科学技术出版社，2019. 12.

［14］ 应文钦. 数学思维启蒙课时精练七年级上［M］. 上海：上海科学技术文献出版社，2019. 09.

［15］ 徐泽贵. 数学解题思维与能力培养研究［M］. 长春：吉林人民出版社，2020. 05.

［16］张正华. 快乐学数学［M］. 北京：光明日报出版社，2020. 01.

［17］孙亮朝. 学好数学并不难几何［M］. 杭州：浙江人民出版社，2020. 04.

［18］佟福. 初中数学教育中的思维品质发展［M］. 南京：江苏人民出版社，2020. 08.

［19］尹丽芳，叶健. 思维导图玩转数学初中通用［M］. 北京：中华工商联合出版社，2020. 03.

［20］吕萍. 单元教学模式下的初中数学新思维［M］. 长春：东北师范大学出版社，2020.

［21］李迎，刘亚，殷爱梅. 思维导图在数学教学中的应用［M］. 长春：吉林人民出版社，2020. 05.

［22］邱军，李文臣. 问题探究与思维创新［M］. 青岛：中国海洋大学出版社，2020. 07.

［23］胡军. 高阶思维与初中数学课堂［M］. 上海：华东师范大学出版社，2021. 11.

［24］山丽娜. 基于数学思维建构的初中数学课堂教学研究［M］. 沈阳：辽宁教育出版社，2021. 10.

［25］吴国庆. 且思且行初中数学教学探索［M］. 武汉：华中科技大学出版社，2021. 05.

［26］李习坤. 思维导图轻松学初中数学［M］. 北京：化学工业出版社，2021. 10.

［27］韦丽云. 名师课堂教学研究与实践初中数学一二四思维课堂的建构［M］. 镇江：江苏大学出版社，2022. 02.

［28］邹常志. 初中数学思维律动课堂的探究［M］. 长春：吉林人民出版社，2022. 06.

［29］陶增元. 初中数学思维方法导引［M］. 北京：北京燕山出版社，2022.

［30］陈建国. 问题驱动初中数学思维发展大讲堂［M］. 杭州：浙江大学出版社，2022. 05.